Hans Alfred Müller

Schafe als Haustiere

Alles über Unterbringung, Pflege,
Fütterung und Krankheiten
Sonderteil: Melken und Milchverwertung,
Schur und Wollverarbeitung

Mit Farbfotos der besten Tierfotografen
und Zeichnungen von Günther Marks

Gräfe und Unzer

Umschlagfotos
Vorderseite: Merinolandschaf mit Lamm.
Rückseite. Oben links: Coburger Fuchsschaf; oben rechts: Flaschenaufzucht kleiner Skuddenlämmer; unten links: Schafschur im Pferch; unten rechts: Merinolandschaf mit Zwillingen in der Ablammbucht.
Umschlagseite 2: Milchschafe im Obstgarten; nicht ökonomische Notwendigkeit, sondern die Freude an den Tieren steht bei der Hobbyschafhaltung im Vordergrund.
Umschlagseite 3: Kleine Skuddenlämmer.

Die Fotografen:
Angermayer: Seite 28 o. r., u. r.; Angermayer/Freudenberger: Seite 27; Dittrich: Seite 28 u. l.; Eisl: Seite 9 Mitte l.; König: Seite 9 Mitte r.; Lehmann: U 4 u. r.; Müller: Seite 28 o. l.; Reinhard: Seite 9 o. l., u. r., Seite 38 oben, unten, Seite 56, U 3, U 4 o. l., o. r.; Scherz: Seite 9 u. l.; Schulz: Seite 55 o. l.; Silvestris/Buchholz: U 4 u. l.; Skogstad: U 1, U 2, Seite 9 o. r., Seite 37; Wothe: Seite 10, Seite 55 o. r., unten.

CIP-Kurztitelaufnahme der Deutschen Bibliothek

Müller, Hans Alfred:

Schafe als Haustiere : alles über Unterbringung, Pflege, Fütterung u. Krankheiten ; Sonderteil: Melken und Milchverwertung, Schur und Wollverarbeitung / Hans Alfred Müller. – München : Gräfe und Unzer, 1984.

ISBN 3-7742-3634-8

1. Auflage 1984
© Gräfe und Unzer GmbH, München
Redaktionsleitung: Hans Scherz
Lektorat: Herta S. Kraupa-Tuskany
und Gudrun Diller
Umschlaggestaltung: Heinz Kraxenberger
Satz und Druck des Textteils:
Buch- und Offsetdruckerei Wagner GmbH
Reproduktion und Druck von Farbbildern und Umschlag: Graphische Anstalt Ernst Wartelsteiner
Bindung: R. Oldenbourg

ISBN 3-7742-3634-8

Dr. med. vet. **Hans Alfred Müller**, geb. 1947, arbeitete nach dem Studium der Veterinärmedizin an der Universität Gießen unter anderem auf dem Gebiet der Parasitologie und Verhaltensforschung bei Haustieren. Seit einigen Jahren führt er eine eigene tierärztliche Landpraxis.
Von jeher gilt sein besonderes Interesse der Tierzucht und der landwirtschaftlichen Tierhaltung. Auf seinem Bauernhof züchtet er seit vielen Jahren neben Schafen auch Ziegen und Haflingerpferde.

Inhalt

Ein Wort zuvor 5

Unser Haustier Schaf 6

Vom Wildschaf zum Hausschaf 6
Die Eigenschaften eines Schafes 7
   Die Funktion des Wiederkäuens 8
   Die Altersbestimmung 11
   Tabelle: Das Schaf in Zahlen und
   Fakten 11

Die Schafrassen 12

Die Vielfalt der Rassen 12
Das Haarschaf 12
Das Milchschaf 12
Die genügsamen Heidschnucken 13
Weitere Landschafrassen 14
Spezielle Fleischschafrassen 15

Überlegungen vor der Anschaffung 17

Nutztierhaltung oder Hobby? 17
Ausstattung und Unterbringung 17
Wie groß sind Zeit- und Kostenaufwand? 17
Kann das Herdentier Schaf einzeln gehalten
werden? 18
Worauf beim Kauf zu achten ist 18
Die richtige Wahl 19

Haltung und Pflege 20

Die verschiedenen Formen der
Schafhaltung 20
Die Koppel 20
   Der Lämmerschlupf 22
   Die Bewirtschaftung der Weide 22
   Wieviel Schafe auf welchem Raum? 23

Der versetzbare Pferch und das Antüdern 24
Der Stall 25
   Schutzhütte und Stallraum 25
   Die Einstreu 25
   Die Ablammbuchten 26
   Tröge und Raufen 26
   Vorratsraum für Heu und Stroh 26
Kennzeichnen der Schafe 29
Die erforderliche Pflege 29
   Klauenpflege 29
   Schafschur 30

Die richtige Fütterung 31

Was und wieviel braucht ein Schaf? 31
Heu und Stroh 31
Silage 33
Futterrüben, Möhren und Kartoffeln 33
Kraftfutter 34
Wasserbedarf 34

Zucht und Aufzucht 35

Rassezucht und Kreuzungszucht 35
Die Brunst 35
Die Körung 39
Die Geburt 39
   Gefahren für neugeborene Lämmer 41
Aufzucht der Lämmer 42
   Aufzucht mit dem Mutterschaf 42
   Aufzucht mit dem Ammenschaf 42
   Aufzucht mit der Flasche 42
Kastrieren, Kupieren des Schwanzes 44

Wenn das Schaf krank wird 45

Allgemeines 45
Vorsorge 45

Inhalt

Parasiten und schädliche Insekten 45
  Außenparasiten (Ektoparasiten) 45
  Schadinsekten 46
  Innenparasiten (Endoparasiten) 46
  Wurmkuren 47
Krankheiten der Klauen 48
Erkrankungen der Verdauungsorgane 48
Infektionskrankheiten 50
Komplikationen nach der Geburt 51
Krankheiten neugeborener Lämmer 52
Die wichtigsten Erkrankungen älterer
Lämmer 53
Vergiftungen 53
Die Hausapotheke für Schafe 54

Die Produkte des Schafes 57

Wolle 57
  Verschiedene Wollarten 57
  Eigenschaften des Haares und der
  Wolle 57
  Rohstoff Schafwolle 58
  Bearbeiten der Wolle 59
  Verwendungsmöglichkeiten der Wolle 60
Milch und Milchprodukte 61
  Die hochwertige Frischmilch 61
  Das Melken der Schafe 61
  Der Gebrauch der Frischmilch 62
  Sauermilch, Quark und Joghurt 62
  Butterherstellung 63
  Käsebereitung 63
Fleisch 64
  Vorbemerkung über das Schlachten 64
  Die Hausschlachtung 65
  Die verschiedenen Fleischsorten 65
  Wurstbereitung 66
  Schafdünger 67

Die Verhaltensweisen der Schafe 68

Herdentrieb 68
Futteraufnahme 68
Brunstverhalten und Rivalenkampf 69
Mutter-Kind-Beziehung 69
Spielverhalten 69
Eine ungewöhnliche Verhaltensweise 69
Sozialverhalten 70

Bücher und Adressen, die weiterhelfen
70

Sachregister 71

Ein Wort zuvor

Schafhaltung ist für den Menschen seit Jahrtausenden von großer Bedeutung. In vielen Ländern sind Schafe einst wie heute Lebensgrundlage für die Bevölkerung: Sie liefern hochwertige Nahrungsmittel wie Milch und Fleisch, dazu die Wolle, begehrter Rohstoff für die Bekleidung. Seit Beginn des Industriezeitalters wird Schafhaltung in vielen Teilen der Welt mit den Mitteln moderner Landwirtschaft betrieben; leistungsfähige Spezialrassen erbringen Spitzenerträge an Wolle und Lammfleisch.

Den größten Teil des Schafbestandes in den mitteleuropäischen Ländern betreuen nach wie vor Wanderschäfer, die mit ihren Herden von Weide zu Weide über Land ziehen. Zunehmende Bedeutung aber hat in den letzten Jahren die Schafhaltung im kleinen erlangt: Viele Menschen halten zwei bis drei Tiere oder eine kleine Herde auf eigener Koppel. Für sie ist die Beschäftigung mit diesem alten und nützlichen Haustier Freude und Entspannung, Ausgleich zur Hektik unserer Zeit. Schafe sind wegen ihrer bescheidenen Ansprüche ideal für all jene, die noch keine Erfahrung in der Nutztierhaltung haben, deren Wunsch es aber ist, wenigstens einen Teil ihrer Nahrungsmittel unverfälscht selbst herstellen zu können. Dieses Buch soll ihnen dabei ein verläßlicher Ratgeber sein.

Welche Schafrassen für Ihre Lebens- und Wohnverhältnisse am besten geeignet sind, erfahren Sie im ersten Kapitel des Buches. Sein Autor, ein erfahrener Schafhalter und Landtierarzt, beantwortet alle wichtigen Fragen, die sich im täglichen Umgang mit den Schafen ergeben. So erfahren Sie unter anderem alles über Unterbringung, Haltung und Pflege Ihrer Schafe und was Sie bei der Aufzucht der Lämmer wissen müssen. In einem weiteren Kapitel sind Krankheitsanzeichen, Krankheitsverlauf und Behandlung von Schafkrankheiten ausführlich erläutert. Erste-Hilfe-Maßnahmen helfen Ihnen, leichte Erkrankungen und Verletzungen Ihres Schafes selbst zu behandeln.

In einem Sonderteil des Buches ist beschrieben, wie Sie die verschiedenen Produkte des Schafes optimal nutzen und verarbeiten können: Der Autor gibt Rat und Anleitung für Melken und Milchverwertung, Schur und Wollverarbeitung sowie Schlachten und Fleischverarbeitung. Hier erstmals veröffentlichte Farbfotos der besten Tierfotografen zeigen die interessantesten Schafrassen, darunter spielende Lämmer, deren Reiz sich niemand entziehen kann. Instruktive Zeichnungen zeigen wichtige Details, darunter Anleitungen für das Bauen von Gatter, Stall und Fütterungsanlagen. Autor und Verlag danken den Fotografen, die ihre besten Aufnahmen für das Buch zur Verfügung gestellt haben sowie Herrn Günther Marks, der die Zeichnungen für das Buch angefertigt hat. Nicht zuletzt sei Frau Ulrike Müller, Frau Ingeborg Müller-Sieslak und einigen Milchschafhaltern gedankt, die mit ihrer großen Erfahrung wesentlich zum Gelingen des Sonderteils über die Verwertung der Schafprodukte beigetragen haben.

Unser Haustier Schaf

Vom Wildschaf zum Hausschaf

Alle Hausschafrassen stammen ursprünglich von europäischen und asiatischen Wildschafen ab, deren bedeutendste Arten der Mufflon (→ Farbfoto Seite 28 oben rechts) und der Arkal sind. Schon sehr früh in der Geschichte der Menschheit wurden Schafe domestiziert. Wahrscheinlich liegen die Anfänge der Schafhaltung mehr als zehntausend Jahre zurück.

Obschon die Hausschafe die Ähnlichkeit mit ihren Stammformen über Jahrtausende bewahrt haben, bildeten sich mit zunehmender Nutzungsintensität größere Unterschiede heraus. Bedingt durch örtliche Gegebenheiten, Bevorzugung bestimmter Tiere durch den Menschen und durch räumlich bedingte Isolation einzelner Schafbestände, entwickelten sich die einzelnen Landschläge und die regional unterschiedlichen Landrassen.

Diese sogenannten Landschafrassen sind den örtlichen Bedingungen gut angepaßt, sie zeichnen sich durch geringe Pflegebedürftigkeit und gute Verwertung wenig gehaltreichen Futters aus, das in ihrer Landschaft wächst. Die Leistungen (Fleisch und Wolle) sind unter solch ursprünglichen (extensiven) Haltungsbedingungen recht gut, reichen aber nicht an die Leistung der planmäßig gezüchteten Spezialrassen heran, die diese unter besseren Betreuungs- und Fütterungsbedingungen erbringen können.

Der Prozeß der Haustierwerdung und Rassebildung verlief – fast unmerklich – über lange Zeiträume.

In den letzten Jahrzehnten aber traten in der gesamten Nutztierhaltung und -zucht aller Industrieländer radikale Veränderungen ein. Sie führten, gemessen an der langen Geschichte der Haustiere, in überstürztem Tempo zu nur wenigen Zuchtlinien. Diese Entwicklung hat sich in der Schafzucht zwar bisher weniger stark ausgewirkt als etwa in der Rinder-, Schweine- oder Hühnerzucht, aber man kann auch hier gerade in den letzten Jahren eine beschleunigte Entwicklung zu weniger, aber ertragreicheren Spezialrassen beobachten. Heute ist es das Ziel einer Züchtung, unter Industriebedingungen Höchstleistungen zu erbringen. Die bodenständigen, den jeweiligen Gegebenheiten angepaßten Landrassen wurden ganz oder bis auf geringe Restbestände ausgerottet.

Über lange Zeiträume hin wurden Schafe ausschließlich als Schlachttiere gehalten.

Eine Mutation, das heißt eine plötzlich auftretende und dann konstant weitergegebene Veränderung der Erbmasse, führte zu einer zusätzlichen bedeutsamen Nutzungsmöglichkeit der Schafe – der Wolle. Das dichte Winterfell der *Wild- und Haarschafe*, das aus den glatten Deckhaaren und den dünnen wolligen Unterhaaren besteht, fällt zur Zeit des Haarwechsels im Frühjahr von selber nach und nach aus und wird durch das kürzere, glatte Sommerfell ersetzt. Dagegen besteht bei den hochgezüchteten *Wollschafrassen* das Haarkleid nur noch aus Wollhaaren, die ständig wachsen und jährlich geschoren werden müssen.

Im Mittelalter züchteten die Spanier aus vorderasiatischen Wollschafen das Merinoschaf zur Wollgewinnung und seit dem 18. Jahrhundert bildet es auch die Grundlage für unsere heutigen Feinwollrassen. Zu jener Zeit war die Produktion feiner und feinster Wollen Hauptzweck der Schafhaltung. Aber schon im 19. Jahrhundert zeichnete sich in Europa aufgrund der industriellen Entwicklung ein Wandel ab, der durch die Erfindung der synthetischen Kunstfaser und die Massenproduktion von Schafwolle außerhalb Europas verstärkt wurde. Dieser Prozeß führte dazu, daß heute in Deutschland die Wollproduktion gegenüber der Fleischleistung der Schafe erheblich an Bedeutung verloren hat. Daß der Schafbestand dennoch in den letzten zehn Jahren wieder etwas angewachsen ist, liegt an der Zunahme der zahlreichen kleineren Herden, meist mit Koppelhaltung. Wurden in unserem Land 1970 etwa 850 000 Schafe gehalten, so waren es 1980 bereits wieder 1 150 000 Tiere. Weltweit gibt es zur Zeit mehr als eine Milliarde Hausschafe.

Die Eigenschaften eines Schafes

Das Schaf gehört zur Säugetierordnung der Huftiere und hier zu den wiederkäuenden Paarhufern. Wie die Rinder-, Antilopen- und Ziegenarten bilden die Schafe Hörner, leben im Herdenverband und ernähren sich von Pflanzen.
Unsere Hausschafe sind, nicht anders als ihre wilden Stammformen, recht wehrlose Tiere. Einem möglichen Angriff von Raubtieren können sie sich nur durch Flucht und den Schutz im Herdenverband entziehen. Auch die horntragenden Böcke gebrauchen ihren Kopfschmuck fast ausschließlich zum ritualisierten Rivalenkampf, kaum zur Abwehr andersartiger Tiere. Nur einzelne Mutterschafe verteidigen ihre neugeborenen Lämmer gegen einen Fuchs oder einen kleinen Hund. Die ursprünglich sehr feinen Sinne, vor allem Geruch, Gehör und das Bewegungssehen, das heißt das Erkennen aller Bewegungen innerhalb des Blickfeldes, sind im Verlauf der Domestikation etwas abgestumpft; geblieben als Reaktion auf

schreckauslösende Reize ist das Zusammenscharen und panikartige Flüchten. Die Hornschuhe an den Zehenspitzen befähigen die Tiere zu ausdauernden Märschen auf hartem Untergrund und schützen die Zehen beim Springen und Klettern. Auf weichem Weideboden oder gar im Tiefstreustall werden die Hornteile der Hufe nicht ausreichend abgenutzt, sie müssen korrigiert und geschnitten werden, um Mißbildungen und Klauenkrankheiten vorzubeugen.
Wie alle horntragenden Huftiere besitzen Schafe nur im Unterkiefer Schneidezähne, die sie, um Gras und andere Pflanzen abzurupfen, gegen eine Hornplatte im Oberkiefer drücken. Diese breiten Unterkieferschneidezähne eignen sich auch gut, die Rinde von Zweigen und Ästen zu lösen. Ein solches Schälen kann aber – vor allem wenn die Tiere hungrig sind – zu schweren Schäden an Bäumen und Sträuchern führen.
Außer den acht Schneidezähnen im Unterkiefer besitzt das Schaf auch zwanzig Bakkenzähne und zwar fünf Zähne auf jeder Seite der beiden Kiefer.

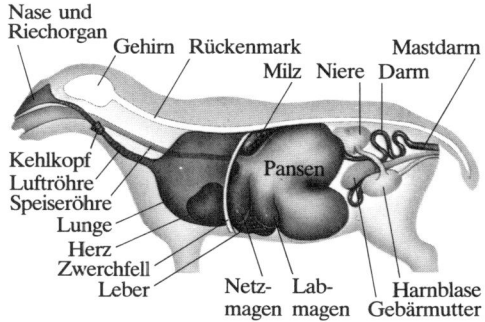

Die inneren Organe des Schafes. Auffallend die Verdauungsorgane mit dem großen Pansen.

Die Funktion des Wiederkäuens

Das Schaf ist als Wiederkäuer mit einem entsprechend mehrhöhligen Magen ausgerüstet und dadurch in der Lage, rohfaserreiches Futter gut zu verwerten (→ Zeichnung Seite 7). Der *Pansen*, der den größten Teil der Bauchhöhle ausfüllt, dient als Gärkammer. Hier werden zunächst die wenig zerkauten Futtermassen von Bakterien und Infusorien aufgearbeitet (Zelluloseverdauung), so daß dem Schaf schließlich aufgeschlossenes Eiweiß für seine Ernährung zur Verfügung steht.

Schafe sind in der Lage, in verhältnismäßig kurzer Zeit eine große Menge Futter aufzunehmen. In den Ruhezeiten widmen sie sich dem Wiederkauen, das heißt, aus dem Pansen werden über den *kleinen Netzmagen* die Futterballen zurück in die Mundhöhle befördert und nach ausgiebigem Durchkauen wieder geschluckt. Nur Futter, dessen Bestandteile hinreichend zerkleinert sind, kann nun über den *Blättermagen* in den *Labmagen* – er entspricht etwa dem des Menschen – und von dort weiter in den Darmtrakt gelangen.

Der Pansen hat die Funktion, cellulosereiche Pflanzen, die sonst kaum verwertet werden können, in hochwertige verdauliche Nährstoffe umzuwandeln. Das Pansenmilieu muß ständig konstant bleiben, der ph-Wert (Säuregrad) bewegt sich zwischen 6,2 und 7,0. Bei diesem komplizierten Prozeß ist die Anfälligkeit gegenüber Störungen durch Ernährungsfehler besonders groß. Ungeeignetes oder zu schnell aufgenommenes Futter kann ebenso wie eine plötzliche Futterumstellung zu einem Absinken oder Ansteigen des ph-Wertes führen, durch eine übermäßige Gasbildung wird der Pansen gefährlich aufgebläht. Solche Störungen können für das Schaf lebensbedrohlich sein, wenn nicht unverzüglich die entsprechende Behandlung eingeleitet wird. Sie sollten darum durch richtige und ausgewogene Fütterung diesen Erkrankungen vorbeugen.

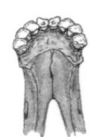 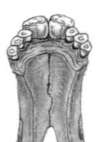 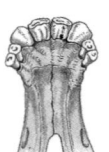

ca. 10 Monate ca. 15 Monate   ca. 2 Jahre

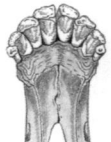 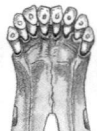 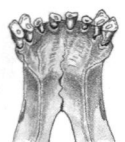

ca. 3 Jahre   ca. 8 Jahre   über 9 Jahre

Schneidezahngebisse von Schafen: Das Alter der Tiere ist am sichersten am Zahnbild zu erkennen.

Die Altersbestimmung

Das Alter des Schafes wird am sichersten an seinen Schneidezähnen festgestellt (→ Zeichnung Seite 8). Eine Altersbestimmung anhand der Beschaffenheit der Backenzähne wird nur bei toten Tieren vorgenommen, sie sind beim lebenden Schaf äußerst schwer zu betrachten oder zu untersuchen.

Das Schaf besitzt im Unterkiefer acht Schneidezähne, von denen das mittlere Paar als *Zangen* bezeichnet wird. Es folgen die inneren und äußeren *Mittelzähne* und schließlich die *Eckschneidezähne*.

Das Schaflamm hat bis zum Alter von vier Wochen alle Schneidezähne ausgebildet. Diese Milchzähne beginnen von der Mitte

her zu wachsen und sind bis zum Alter von 6 bis 9 Monaten voll entwickelt. Sie bilden dann eine fast geschlossene Reihe. Der Wechsel der Zähne beginnt ebenfalls in der Mitte, also mit den Zangen und zwar im Alter von 15 bis 18 Monaten. Es folgen die inneren Mittelzähne mit 20 bis 25 und die äußeren mit 27 bis 35 Monaten. Die Eckschneidezähne wachsen, wenn das Schaf 3 bis 3½ Jahre alt ist. Die ganze Reihe der Milchzähne ist dann durch bleibende Zähne ersetzt, man bezeichnet sie aufgrund ihrer Form als *Schaufeln*. Der Zahnwechsel ist zwar abhängig von der Rasse, dem Geschlecht und auch der Fütterung des Schafes, aber allgemein gilt als Richtlinie für die Altersbestimmung

● daß ein Schaf, das die mittleren Zähne (Zangen) gewechselt hat, 1½ Jahre alt ist,

● wenn es die inneren Milchzähne gewechselt hat, ist es 2 Jahre alt,

● nach dem Wechsel der äußeren Mittelzähne ist es 3 Jahre alt

● und ein Schaf, das die Eckschneidezähne gewechselt hat, ist 3½ Jahre alt.

Die Zähne nutzen sich von Jahr zu Jahr stärker ab und bekommen eine länglichere Form. Meist sind im Alter von ungefähr neun Jahren schon einige bis auf Stummel abgenutzt, zwischen den verbliebenen Zähnen sind dann Lücken entstanden. Für ein altes Schaf wird dadurch die Futteraufnahme erschwert und als Folge nimmt es immer mehr ab.

Das Schaf in Zahlen und Fakten

Körpertemperatur	38,5 bis 40,0 °C
Pulsschläge pro Minute	70 bis 80
Wasserbedarf 60 bis 100 kg Körpergewicht	1,5 bis 7 l
Sexualtypus	Polyöstrich (das heißt: im Abstand von etwa 21 Tagen wiederholt sich die Brunst) im Herbst
Geschlechtsreife	mit 7 Monaten
Zuchtreife	mit 8 Monaten
Zyklusdauer	17 (14 bis 30) Tage
Brunstdauer	2 (1 bis 3) Tage
Ovulation (Eisprung)	gegen Ende der Brunst
Trächtigkeitsdauer	150 (140 bis 155) Tage
Zahl der Neugeborenen	1 bis 2
Zuchtfähigkeit	1 bis 8 Jahre
Schlachtreife	4 bis 6 Monate Lamm, bis 2 Jahre Hammel
Lebenserwartung	6 bis 10 Jahre

Die Schafrassen

Die Vielfalt der Rassen

Urtümliche Landschafrassen

Sie zeichnen sich aus durch geringen Pflegebedarf, erbringen ihre Leistungen auch bei ungünstigen Bedingungen aus dem natürlichen Grundfutter.

Haarschaf
Soay-Schaf
Graue gehörnte Heidschnucke
Weiße gehörnte Heidschnucke
Weiße hornlose Heidschnucke (Moorschnucke)
Skudden
Zackelschaf/Finnschaf (→ Farbfoto Seite 9)

Weitere Landschafe

Die Abgrenzung der charakteristischen Landschafrassen von ertragreicheren Wirtschaftsrassen ist nicht immer klar. So stellt das Merino-Landschaf eine weitverbreitete Wirtschaftsrasse mit hoher Woll- und Fleischleistung dar.

Rhönschaf
Weißes Bergschaf (→ Farbfoto Seite 10)
Schwarzbraunes Bergschaf
Bentheimer Landschaf
Kärntner Brillenschaf
Englisches Vierhornschaf (→ Farbfoto Seite 28)
Rauhwolliges Pommersches Landschaf (→ Farbfoto Seite 9)
Karakulschaf, Fettsteiß- und Fettschwanzschafe
Coburger Fuchsschaf
Leineschaf
Merino-Landschaf

Die beiden letzten Rassen kann man mit einiger Berechtigung auch zu den Fleischschafrassen zählen.

Spezielle Fleischschafrassen

Deutsches schwarzköpfiges Fleischschaf
Suffolkschaf
Deutsches blauköpfiges Fleischschaf
Deutsches weißköpfiges Fleischschaf
Merino Fleischschaf
Texelschaf

Milchschafe

Deutsches Milchschaf

Das Haarschaf

Es leben auch heute noch in einigen Gegenden der Erde vereinzelte Bestände dieser Haarschafe, die keiner Schur bedürfen. So gibt es beispielsweise auch in Europa vereinzelt kleine Herden der Soay-Schafe, die im Mittelalter in ganz England verbreitet waren. Ihr Winterfell ist kaum länger als das des Mufflons und läßt sich im Frühjahr ausrupfen oder es wird, wenn der Mensch nicht eingreift, durch das kürzere Sommerfell ersetzt. Obwohl Schafwolle ein begehrter und knapper Rohstoff ist, sind hierzulande in Kleinhaltungen die Schurkosten häufig höher als der Erlös, der sich für eine kleine Quantität unsortierter Wolle erzielen läßt. Deshalb könnte diese ursprüngliche Eigenschaft der primitiven Hausschafrassen vielleicht wieder von Nutzen sein.

Das Milchschaf

Wie keine andere Rasse eignet sich das Milchschaf (→ Farbfoto Seite 9 und Umschlagseite 2) zur Einzelhaltung. Es scheint für die Großherdenhaltung sogar ungeeignet zu sein, da es eine intensive Betreuung braucht. Erforderlich für die Milchschafhaltung ist allerdings eine ausreichende Weidefläche, wobei einzelne Tiere auch angetüdert werden können. Wegen seiner Fruchtbarkeit und hohen Milchleistung nimmt das Milchschaf eine Sonderstellung unter den Schafrassen ein, Mehrlingsgeburten von zwei bis vier Lämmern sind durchaus häufig.

Wer einmal im Sommer die frische Milch dieser Schafe getrunken hat, wird von dem guten Geschmack begeistert sein. Im Vergleich zur Kuhmilch hat sie einen erheblich höheren Anteil an Eiweiß, Fett und wertvollen Inhaltsstoffen und damit einen geringeren Wassergehalt. Ein Liter Schafmilch ist ernährungsphysiologisch wertvoller als ein Liter Kuhmilch.

Ursprünglich beheimatet in den deutschen Marschlandschaften, ist die bewährte Rasse der Milchschafe heute fast weltweit verbreitet. Das Milchschaf ist ein großes weißes Schaf mit feinem unbewolltem Kopf, langen dünnen Ohrmuscheln, nackten Beinen und nacktem dünnen Schwanz. Die Milchproduktion beträgt 2 bis 5 kg mit 6 bis 7% Fettgehalt, das sind 400 bis 700 kg jährlich; die Wollproduktion 4 bis 5 kg Schweißwolle, das sind 2 bis 2,5 kg reine Wolle im Jahr. Erwachsene Milchschafböcke erreichen ein Körpergewicht von 100 bis 150 kg, Mutterschafe 70 bis 80 kg. Milchschaflämmer sind sehr frohwüchsig und frühreif, Bocklämmer wiegen im Alter von 6 Monaten 50 bis 60 kg.

In Kleinhaltung von ein bis acht Mutterschafen hat sich diese Rasse am besten bewährt. Die Hauptnutzung liegt im Ertrag der Milch, die sich ausgezeichnet im eigenen Haushalt verwenden läßt. Bei Liebhabern erzielt sie einen Preis, der erheblich über dem der Kuh- und Ziegenmilch liegt. Neben der Milcherzeugung ist aber auch die Fleischnutzung von Bedeutung, denn durch die hohe Fruchtbarkeit der Milchschafe fallen in großer Zahl Schlachtlämmer an, die einmal dazu dienen können, den eigenen Haushalt zu versorgen und zum anderen, um ein Einkommen durch den Verkauf der Lämmer als Schlachttiere zu erzielen. Gegenüber diesen beiden Nutzungsmöglichkeiten – Milch und Fleisch – tritt der Wollertrag etwas zurück, wenngleich das Milchschaf in der Qualität wie in der Quantität der Wolle eine gute Leistung erbringt. Wenn Sie genügend Zeit und Freude daran haben, die erzeugte Wolle selbst zu verarbeiten, so ist sie am besten genutzt.

Die Brunst tritt nur (saisonal) im Herbst auf, so daß die Lämmer im Frühjahr geboren werden.

Außer den weißen Milchschafen gibt es auch schwarzbraune und gescheckte, die aber in ihrer Leistung hinter den weißen zurückbleiben.

Die genügsamen Heidschnucken

Heidschnucken sind recht ursprüngliche, kleine horntragende Landschafe. Sie sind mischwollig, das heißt, ihr Vlies besteht zu einem großen Teil aus groben, glatten Deckhaaren, die Unterwolle aus feinen, weichen Wollhaaren. Während die Hörner der weiblichen Tiere in Form von dünnen Sicheln wachsen, entwickeln die Böcke eindrucksvolle, breit angesetzte Schnecken, die den Tieren ein imposantes Aussehen geben. Heidschnucken stellen an die Haltung und Ernährung geringere Ansprüche als hochgezüchtete Nutzungsrassen. Selbst auf kargen

Die Schafrassen

Heide- und Ödlandflächen finden sie ihr Auskommen. Das Fleisch wird wegen seines wildbretartigen Geschmacks meist höher bewertet als das der Fleischschafrassen. Die erwachsenen Böcke erreichen ein Körpergewicht von 60 bis 75 kg, Mutterschafe 40 bis 45 kg. Sehr beliebt sind die langhaarigen, festledrigen Felle der Tiere.

Die bekanntesten Heidschnucken sind die grauen, gehörnten (→ Farbfoto Seite 38 und Seite 28 unten links). Sie haben einen feinen, schwarzen Kopf, kleine Ohren, einen kurzen, glattbehaarten Schwanz und feingliedrige, schwarzbehaarte Beine. Die selteneren weißen gehörnten (→ Farbfoto Seite 28)und weißen hornlosen Heidschnucken ähneln den grauen im Körperbau.

Für Heidschnucken ist die Geburt nur eines einzigen Lammes die Regel; bei den grauen werden die Lämmer pechschwarz geboren. Wegen ihres ansprechenden Aussehens und ihrer geringen Ansprüche an Unterbringung und Pflege, sind die Heidschnucken heute wieder sehr beliebt. Sie werden gerne gehalten, obwohl sie im Fleischertrag hinter den Fleischschafrassen zurückbleiben.

Die Skudden: (→ Farbfoto Umschlagseite 3 und 4, Seite 38) Der Heidschnucke sehr ähnlich sind die ursprünglich aus Ostpreußen stammenden kleinen Schafe, die ebenfalls sehr anspruchslos und widerstandsfähig sind. Wegen ihrer asaisonalen Brunst können während des ganzen Jahres Lämmer geboren werden; Zwillinge sind recht häufig.

Weitere Landschafrassen

Charakteristisch für die sogenannten Landschafrassen, die in Deutschland nur regional verbreitet sind, ist ihre Widerstandsfähigkeit und Anspruchslosigkeit. Sie sind wenig krankheitsanfällig, marschfähig, fruchtbar, haben gute Muttereigenschaften und verwerten auch wenig gehaltvolles Futter gut. Zwar werden sie von den spezialisierten Hochzuchtrassen und bestimmten Gebrauchskreuzungen vor allem in der Fleischleistung und damit in der Wirtschaftlichkeit übertroffen, aber gerade wegen ihrer guten Eigenschaften werden sie von Zeit zu Zeit in manche Wirtschaftsherden eingekreuzt. Das *Rhönschaf* ist ein recht großes Tier mit einem schwarzen Kopf und weißen, feingliedrigen Beinen. Den Haltungsbedingungen in rauhen Mittelgebirgslagen ist es gut angepaßt. Das *Coburger Fuchsschaf* (→ Farbfoto Umschlagseite 4 oben links) trägt seinen Namen wegen der rotbraunen Fuchsfarbe an Kopf und Beinen und hat ein »Goldvlies«. Die Lämmer werden rotbraun geboren.

Das *Bentheimer Landschaf* ist durch eine Ramsnase gekennzeichnet. Dieses Schaf hat im Bereich der Augen schwarze Flecken. Ihm sehr ähnlich ist das seltene *Kärntner Brillenschaf* (→ Farbfoto Seite 9).

Bergschafe (→ Farbfoto Seite 9 und Seite 10) sind wegen ihrer großen Fruchtbarkeit und asaisonalen Brunst etwas weiter verbreitet. Sie tragen ein schlichtes, leicht gewelltes Vlies und haben einen glatthaarigen Kopf mit einer ausgeprägten Ramsnase. Die Ohren sind lang, breit und hängen herab. Die meisten Bergschafe sind weiß, es gibt jedoch auch eine braune Bergschafrasse. Sie sind frühreif, schon mit 6 bis 8 Monaten werden sie tragend. Ihre Fruchtbarkeit liegt über 200% und durch das asaisonale Brunstverhalten können die Lämmer der Bergschafe zu jeder Jahreszeit geboren werden. Wegen ihrer guten Konstitution, ihrer harten Klauen, guten Kletterfähigkeit und ihres nässeunempfindlichen Pelzes sind Bergschafe gut geeignet für Hochgebirgslagen und niederschlagsreiche Gegenden. Die ursprüngliche Heimat des deutschen Bergschafes ist das bayerische Alpenland.

Spezielle Fleischschafrassen

Im Gegensatz zu den nur regional vorkommenden Landschafrassen sind Merino- und Fleischschafrassen weit verbreitet. Sie übertreffen in Fleischertrag und Wolleistung die Landschafrassen, und damit sind sie für eine gewinnorientierte, wirtschaftliche Schafhaltung in der Regel besser geeignet.

Merinolandschaf mit Lämmern.

Merinolandschaf: Den größten Anteil der in Deutschland gehaltenen Schafe stellen mit mehr als 40% die Merinolandschafe (→ Farbfoto Titelseite und Umschlagseite 4 unten rechts: württembergische Kreuzung). Diese mittelgroßen, weißen Schafe haben einen keilförmigen Kopf mit einem Wollschopf auf der Stirn. Die recht großen, breiten Ohren tragen sie in leicht hängender Stellung. Merinolandschafe sind widerstandsfähig, fruchtbar, frohwüchsig und haben eine hohe Aufzuchtleistung.

Neben ihrer großen Fleischleistung wird auch ihre qualitätsvolle Wolle genutzt. Sie eignen sich gleichermaßen gut für die Wanderherdenhaltung wie für die Koppelschafhaltung. Wegen ihrer asaisonalen Brunst ist dreimaliges Lammen in zwei Jahren möglich. Altböcke erreichen ein Gewicht von 130 kg, Mutterschafe 70 bis 80 kg.

Merinofleischschaf: Wesentlich seltener sind die Merinofleischschafe. Ihre Heimat ist Niedersachsen, wo sie noch etwa ein Viertel des dortigen Schafbestandes stellen. Auch die Merinofleischschafe werden asaisonal brünstig. Sie eignen sich vor allem für eine intensive Milchmastproduktion.

Deutsches schwarzköpfiges Fleischschaf (→ Farbfoto Seite 9): Neben dem Merinolandschaf ist bei uns vor allem das deutsche schwarzköpfige Fleischschaf verbreitet. Das Ziel der Leistungszucht liegt wie bei allen Fleischschafrassen hauptsächlich in einer stetigen Verbesserung des Fleischertrages der Herde und damit ihrer Wirtschaftlichkeit. Mit 300 bis 400 g Tageszunahme der Mastlämmer bei einem Aufwand von 2000 bis 2200 Stärkeeinheiten/kg Gewichtszuwachs und 48% Schlachtausbeute liegen die Durchschnittsleistungen der in Deutschland gehaltenen Wirtschaftsrassen etwa auf gleichem Niveau. Neben der reinen Fleischleistung sind natürlich Widerstands- und Anpassungsfähigkeit, Fruchtbarkeit und Aufzuchtleistung entscheidend für die Wirtschaftlichkeit. Diese Anforderungen erfüllen die deutschen schwarzköpfigen Fleischschafe. Ihre Brunstsaison ist recht lang. Erwachsene Böcke erreichen ein Gewicht von 130 kg, Mutterschafe 70 bis 85 kg.
Die Lämmer der schwarzköpfigen Fleischschafe werden schwarz geboren. Bei den erwachsenen Tieren bleiben der glattbehaarte

Kopf und die Beine schwarz, während den Körper ein weißes Wollvlies bedeckt. Sowohl im Aussehen als auch in den Leistungen ähnelt das aus England stammende Suffolkschaf dem deutschem Schwarzkopfschaf.

Deutsches weißköpfiges Fleischschaf: Die deutschen weißköpfigen Fleischschafe entsprechen in den Leistungen weitgehend den schwarzköpfigen. Das maximale Körpergewicht der Alttiere mit bis 150 kg für Böcke und 90 kg für Mutterschafe liegt sogar etwas höher. Die Tiere haben weiße Beine und einen weißen Kopf, dessen breite Stirn ein stark ausgeprägter Wollschopf bedeckt.

Deutsches blauköpfiges Fleischschaf: Auch die deutschen blauköpfigen Fleischschafe ähneln in Leistung und Aussehen den schwarzköpfigen. Ihre Beine und der unbewollte Kopf sind jedoch blau bis blaugrau behaart.

Texelschaf: Das ursprünglich in Holland heimische und nach der Insel Texel benannte Fleischschaf wird seit längerer Zeit auch in der Bundesrepublik gezüchtet. Texelschafe sind für die Koppelhaltung besonders gut geeignet. Sie sind frühreif, fruchtbar und widerstandsfähig. Die Fleischbildung ist sehr stark ausgeprägt, so daß eine hohe Schlachtausbeute erzielt wird. Der Brunstzyklus ist saisonal. Wegen der hohen Fleischleistung werden besonders Texelschafböcke an Milchschafe angepaart. Dadurch soll die Qualität der Schlachtlämmer verbessert werden.

Leineschaf: Ursprünglich gehörte das Leineschaf zu den Landschafrassen. Durch starke züchterische Beeinflussung und Einkreuzung sind die heutigen Leineschafe als Fleischschafe zu bezeichnen, die in ihrer Leistung den anderen Fleischrassen nahekommen. Frühreife, hohe Fruchtbarkeit, Anpassungsfähigkeit und Härte sowie gute Aufzuchtleistung sind der Rasse erhalten geblieben.

Überlegungen vor der Anschaffung

Nutztierhaltung oder Hobby?

Viele Menschen schaffen sich einige Schafe an, ohne zunächst die Absicht zu haben, eine Schafzucht nach allen Regeln der landwirtschaftlichen Ökonomie betreiben zu wollen. Für sie steht im Vordergrund oft die Freude an der eigenen Tierhaltung oder sie wollen einfach ein vorhandenes Grundstück beleben und nutzen. Manchmal ist auch der Gedanke entscheidend, durch die Schafhaltung Produkte wie Milch, Käse, Fleisch und Wolle für den eigenen Haushalt gewinnen zu können.

Man unterscheidet also zwischen einer landwirtschaftlichen Schafhaltung und einer Hobbyschafhaltung. Der Unterschied zwischen diesen beiden Haltungsformen kann hierzulande von erheblicher Bedeutung sein und bei Interessengegensätzen sogar zu gerichtlichen Auseinandersetzungen führen.

Ausstattung und Unterbringung

Wenn Sie sich ausführlich mit den Lebensbedürfnissen der Schafe beschäftigt haben, dann können Sie einen Anfang machen. Die Voraussetzungen dafür sind:

- Ihre Bereitschaft, Zeit und Mühe für eine gewissenhafte Tierhaltung aufzubringen.
- Ausreichend Platz für Stallunterbringung und Futterlagerung.
- Ein Weidegrundstück, dessen Größe der Besatzstärke entspricht.

Über die örtlichen Voraussetzungen, den Bedarf an Futter und den Pflegeaufwand sollten Sie ganz realistische Vorstellungen haben, damit Sie sich Enttäuschungen ersparen und lange Zeit Freude an Ihren eigenen, gesunden Tieren behalten.

Wer sich mit dem Gedanken trägt, Schafe in größerem Umfang zu halten und zu züchten oder sogar eine große Herde zu seinem Broterwerb aufzubauen, muß zuerst prüfen, ob alle Voraussetzungen gegeben sind. Ist das der Fall, ist es für sein Vorhaben das Beste, wenn er eine Zeitlang bei einem Schäfer mitarbeitet, um sich die notwendigen Kenntnisse und Erfahrungen aneignen zu können. Es gibt auch die Möglichkeit, einen regelrechten Lehrvertrag mit einem anerkannten Schäfermeister abzuschließen.

Wie groß sind Zeit- und Kostenaufwand?

Der tägliche Zeitaufwand für einige wenige Schafe ist bei sommerlicher Weidehaltung sehr gering. Voraussetzung ist allerdings, daß genügend Futter und Trinkwasser zur Verfügung stehen. Im Winter bei Stallhaltung oder Weidehaltung mit Offenstall ist etwas mehr Zeit für die Fütterung aufzuwenden. Es stellt sich auch die Frage, was geschieht, wenn Sie verreisen müssen oder aus anderem Grunde abwesend sind? – Wie lange können Ihre Schafe unbeaufsichtigt bleiben?

Wenn dafür gesorgt ist, daß genügend Futter und Trinkwasser zur Verfügung steht, können Schafe tagelang ohne Betreuung bleiben. Bei Weidehaltung mit Bachlauf ist dies sogar über Wochen hin möglich. Je nach Gegebenheiten sollte allerdings jemand im Abstand von ein bis vier Tagen nachsehen, ob alles in Ordnung ist und es den Tieren an nichts fehlt.

Bei der Weidehaltung entstehen Kosten:
- Für das Errichten und die Instandhaltung von Schutzhütte und Weidezaun.
- Für die Pacht und die flächengebundenen

Abgaben an die landwirtschaftliche Berufsgenossenschaft.
- Für eine landwirtschaftliche Haftpflichtversicherung.
- Für – gegebenenfalls – zugekaufte Kraftfutter- und Düngemittel.

Werden die Tiere im Winter ausschließlich mit zugekauftem Rauhfutter und Kraftfutter gefüttert, dann ist mit täglichen Futterkosten von 1 bis 3 DM pro Schaf zu rechnen.

Bei einer intensiven Schafhaltung, besonders bei der Milchschafhaltung, muß man mit einem wesentlich höheren regelmäßigen Zeitaufwand rechnen. Zur Lammzeit und für besondere Arbeiten (Klauenpflege, Schur, Entmisten) ist zusätzlicher Arbeitseinsatz notwendig.

Kann das Herdentier Schaf einzeln gehalten werden?

Ein einzelnes Schaf zu halten, entspricht nicht den Bedürfnissen, die es als Herdentier hat. Es sollten daher nach Möglichkeit mindestens zwei Schafe zusammenleben. Wenn Sie ausnahmsweise nur ein Tier halten können, so müssen Sie sich viel mit ihm beschäftigen oder ihm ein andersartiges Tier zugesellen. Milchschafe und mit der Flasche aufgezogene Einzellämmer eignen sich wegen ihrer Bindung zum Menschen am besten dazu, allein gehalten zu werden.

Einzeln gehaltene Schafböcke, besonders handaufgezogene, können vor allem Kindern durch wuchtige Rammstöße gefährlich werden. Kastrierte Tiere sind weniger aggressiv.

Worauf beim Kauf zu achten ist

Wenn Sie mit der Schafhaltung beginnen wollen, kaufen Sie am besten zwei weibliche Tiere und zwar möglichst direkt beim Züchter. Dort können Sie sich die einzelnen Schafe ansehen und sich ein Bild über deren Gesundheitszustand machen. Ein bekannter Züchter wird in seinem eigenen Interesse bemüht sein, Ihnen gute, gesunde Tiere zu verkaufen. Außerdem können Sie sich jederzeit wieder an ihn wenden, falls einmal Fragen oder Probleme auftauchen sollten. Diese günstige Situation ist nicht gegeben, wenn Sie Ihre Schafe über den Viehhandel beziehen. Einige Anhaltspunkte können Ihnen Aufschluß über den Gesundheitszustand der Tiere geben:
- Gesunde Tiere nehmen lebhaft Anteil an ihrer Umgebung.
- Sie sehen glatt und im ganzen rund aus.
- Sie stehen auf gesunden Klauen.
- Sie dürfen an der Hinterseite nicht mit Kot verschmiert sein, das wäre ein Zeichen für eine Durchfallerkrankung.
- Bei dickem Wollvlies müssen Sie die Hände zu Hilfe nehmen, um den Ernährungszustand des Schafs richtig beurteilen zu können.
- Wenn Sie Zweifel an der Altersangabe haben, sollten Sie die Beschaffenheit der Schneidezähne prüfen (→ Seite 11).
- Die Kosten für ein Schaf sind kaum generell festzulegen, sie wechseln häufig. Während man zur Zeit etwa von einem Preis von 3 bis 5 DM je kg Lebendgewicht und Kosten von 150 bis 300 DM für ein normales Schaf ausgehen kann, ist für Hochleistungszuchttiere oft erheblich mehr aufzuwenden. Der Preis für gekörte Böcke auf Bockauktionen kann mehrere Tausend Mark betragen.

Überlegungen vor der Anschaffung

Will jemand Rasseschafe erwerben, so kann er sich an die Landeszuchtverbände wenden.

● Ein Absatzlamm sollte etwa 3 bis 4 Monate alt sein, mit 5 bis 6 Jahren hat ein Schaf in der Regel seine beste Zeit gehabt und muß als altes Schaf angesehen werden.

● Wenn jemand Herdbuchzucht betreiben will, sollte er gleich zu Beginn Tiere mit Abstammungsnachweis erwerben. Für eine Haltung ohne besondere Zuchtambitionen ist es nicht erforderlich, teure Zuchttiere zu kaufen. Schutzimpfungen werden bei Schafen nur in speziellen Fällen durchgeführt, Impfausweise wie bei Katzen und Hunden sind nicht üblich und werden auch kaum von jemandem erwartet.

● Bei jeder Tierhaltung empfiehlt sich in der heutigen Zeit eine Tierhalter-Haftpflichtversicherung, da hauptsächlich infolge des Autoverkehrs unwägbare Risiken bestehen; für Schafhalter kommt eine günstige landwirtschaftliche Haftpflichtversicherung in Betracht. Natürlich kann man seine Tiere auch gegen Krankheit, Tod und Diebstahl bei einer Tierversicherung versichern. Ob es bei den üblichen Versicherungsprämien jedoch nicht kostengünstiger ist, dieses finanzielle Risiko selbst zu tragen, sollte jeder Tierhalter überlegen.

Die richtige Wahl

Bei der Entscheidung zu einer bestimmten Schafrasse müssen Sie genaue Vorstellungen über Bedingungen und Absichten Ihrer Schafhaltung haben; kommt für Sie eine *intensive* oder *extensive* Haltung der Schafe in Frage. Der Unterschied zwischen intensiv und extensiv besteht im Grad des Betreuungsaufwandes (Koppelpflege, Düngemaß-nahmen, Kraftfuttereinsatz, Medikamenteneinsatz, Stallgebäuden). Eine rein extensive Schafhaltung wäre gegeben, wenn jemand eine Heidschnuckenherde auf einem abgelegenen Stück Ödland ganzjährig ohne Zufütterung und Weidedüngung im Freien hält. Eine extreme Intensivhaltung wäre eine Haltung auf intensiv gepflegten, stark gedüngten Portionsweiden oder eine Haltung in festen Ställen mit hohem Einsatz von Kraftfuttermitteln. Der Übergang zwischen diesen beiden Extremformen kann fließend sein.

Ursprüngliche Landschafrassen eignen sich besser für extensive Haltungsformen, während bei speziellen Fleisch-Wollrassen und besonders beim Milchschaf die besten Leistungserfolge bei einer intensiveren Haltungsform zu erwarten sind.

Der Ertrag einer Schafhaltung ist von der Fruchtbarkeit der Mutterschafe (aufgezogene Lämmer pro Jahr) und dem Gewichtszuwachs der Lämmer abhängig. Während eine geeignete Fleischschafrasse bei intensiver Betreuung jährlich eine Ablamm- und Aufzuchtquote von 200%, das heißt zwei Lämmer pro Mutterschaf, erbringen kann, bringen Mutterschafe urtümlicher Rassen, wie etwa die Heidschnucken, auch bei guten Haltungsbedingungen meist nur ein Lamm jährlich zur Welt. Der Fleischertrag ist im Vergleich zu hochgezüchteten Fleischschafrassen gering. Steht also die Wirtschaftlichkeit im Vordergrund, sollten Sie solche Rassen nur wählen, wenn Sie deren spezielle Eigenschaften, wie Wetterhärte, geringer Pflegebedarf und gute Futterverwertung auch bei kargen Weideflächen, gut ausnutzen können.

Die verschiedenen Formen der Schafhaltung

Die Herdenhaltung ist seit jeher die übliche Form der Schafhaltung gewesen, und auch noch heute wird hierzulande der größte Teil der Schafe auf diese Weise gehalten. Die Wanderherde, begleitet vom Schäfer mit seinen Hütehunden, ist uns allen ein vertrautes Bild.

Eine Herde von etwa 100 bis 300 Mutterschafen erfordert die volle Arbeitskraft eines Schäfers, der mit den Tieren und von ihrem Ertrag lebt. Es müssen ausreichende Weideflächen und außerdem ein großer Schutzraum vorhanden sein, der bei extremem Winterwetter und hohen Schneelagen die ganze Schafherde aufnehmen kann. Hier werden auch die Futtervorräte für den Winter gelagert. Futterbeschaffung, Gesundheitsvorsorge und die Lämmeraufzucht erfordern von einem hauptberuflichen Schäfer neben Fachkenntnissen einen hohen persönlichen Einsatz. Die reibungslose gute Zusammenarbeit mit seinen Hütehunden ist eine eindrucksvolle Leistung, die nur im ständigen täglichen Umgang ihre Vollkommenheit erreicht.

Die Koppelhaltung, bei der meist weniger Tiere gehalten werden, setzt sich in unserem Land mehr und mehr durch. Diese Haltungsform hängt allerdings davon ab, welche Grundlage die örtlichen Böden, die Struktur der Landwirtschaft und der Besiedlung bieten. In den meisten Gegenden ist der für die Landwirtschaft verfügbare Boden durch Überbauung mit Siedlungen, Industrieanlagen und Straßen stark zurückgegangen. Die übrigen Flächen werden, sofern sie noch eine bestimmte Größe aufweisen, von Agrarbetrieben intensiv bewirtschaftet. Aber die übriggebliebenen kleinen Restflächen in Wohngebieten, Wegränder, karge oder steinige Weiden und steile Hanglagen können oft kostengünstig oder gar kostenlos für die Schafhaltung in kleinem Maßstab genutzt werden.

Ein Weidezaun aus imprägnierten Holzpfählen und verzinktem Drahtknotengitter hat sich für eine Umfriedung am besten bewährt.

Die Stallhaltung stellt grundsätzlich eine Ausnahme dar. Zwar gibt es bereits Versuche, auch Schafe, ebenso wie andere Nutztiere der Industrieländer, ganzjährig im Stall zu halten, aber das Schaf ist nun einmal das Weidetier schlechthin. So werden die meisten Schafe nur während sehr ungünstiger Winterwitterung oder während der Ablammzeit in Ställen gehalten.

Die Koppel

Seit 1966 hat sich der Schafbestand bei uns wieder verdoppelt, obwohl die Wanderschäferei mit Großherden weiter zurückgegangen ist. Die steigende Zahl von Schafen ist darauf zurückzuführen, daß sie in zunehmendem Maß in Einzelhaltung bis zu etwa 4 Stück oder kleinen Herden bis zu etwa 20 Tieren in eingezäunten Koppeln gehalten werden. In einer Koppel bedürfen die Schafe nicht der ständigen Aufsicht eines Schäfers.

Die Einzäunung der Koppel: Ein haltbarer, ausbruchsicherer Zaun ist eine wichtige Voraussetzung für die Koppelschafhaltung. Er erspart Ärger mit der Nachbarschaft und ist Bedingung beim Abschluß einer Haftpflichtversicherung. Das Errichten und Instandhalten des Zaunes bringt allerdings einen nicht unerheblichen Aufwand an Kosten und Arbeit mit sich.

Grundsätzlich sind die Schafe durch Zäune aus Holz, Maschendraht, Elektrodraht oder Knotengitter ausreichend gesichert, in bestimmten Landschaften genügen auch Steinwälle und Wassergräben. In der Regel dürfte sich, zumindest für eine Außenumfriedung der Weidefläche, ein fester Zaun aus dauerhaften, imprägnierten Weidepfählen und verzinktem Drahtknotengitter am besten bewähren.

Das handelsübliche Schafknotengitter können Sie in Rollen zu 50 m Länge und einer Höhe von etwa 1 m kaufen. Die Maschen sind meist in Bodennähe enger als zum oberen Rand hin, so daß die Schafe nicht den Kopf durch das Gitter stecken und kleine Lämmer nicht durchschlüpfen können. Je nach Boden- und Geländebeschaffenheit können Sie die Zaunpfähle im Abstand von 2 bis 5 m einschlagen oder eingraben. Es ist dabei wichtig, eine dauerhafte Standfestigkeit zu erreichen. Je geringer der Abstand zwischen zwei Pfählen ist, um so geringer ist natürlich die Druck- und Zugbelastung des einzelnen Pfahles. Wenn Sie die Pfähle oberhalb des Knotengitters mit einer aufgenagelten Fichtenstange oder mit angenagelten, beziehungsweise angeschraubten Brettern verbinden, so erreichen Sie eine gute Festigkeit und Verstrebung des Zaunes und können den Draht bei der Montage am besten

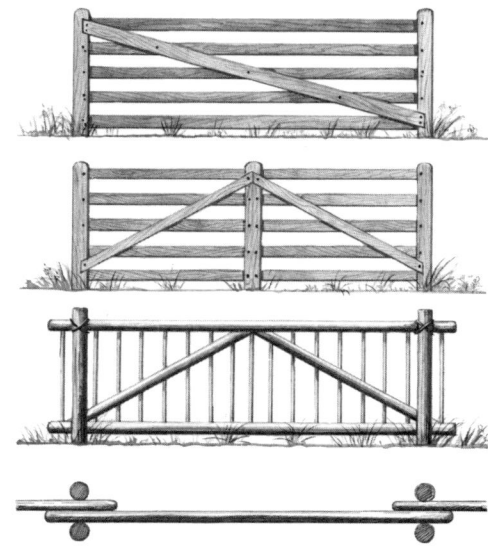

Holzhürden in drei verschiedenen Ausführungen. Oben: Lattenhürden; darunter: Sprossenhürde. Die Aufsicht zeigt, wie Hürden mit fest in den Boden gerammten Pfosten befestigt werden.

spannen. Bei großen zusammenhängenden Flächen empfiehlt sich zur besseren Ausnutzung des Weideaufwuchses eine Aufteilung in mehrere Einzelkoppeln. Vorteilhaft wären wenigstens sechs Koppeln, die im Laufe der Weideperiode nacheinander von den Schafen abgeweidet werden können.

Der Lämmerschlupf

Um den Lämmern die Möglichkeit zu geben, ungehindert an das beste Weidegras zu gelangen, gibt es eine besondere Vorrichtung: den Lämmerschlupf. Das ist eine Passagestelle im Trennzaun, die kleine, schmale Lämmer passieren können, während Altschafe zurückgehalten werden. Dadurch

Damit die Lämmer ungehindert an das beste Weidegras gelangen, gibt es für sie eine Passagestelle im Zaun – den Lämmerschlupf.

wird erreicht, daß die jungen schnellwüchsigen Lämmer jeweils die nächste Koppel mit frischem Aufwuchs betreten und vor den Altschafen die besten und schmackhaftesten Pflanzen herausfressen können. Die Mutterschafe werden dann etwa eine Woche bis 14 Tage später zum Abweiden auf diese Fläche gelassen, während die Lämmer wiederum die jeweils nächste Koppel erreichen können. Dieses System hat sich für die Entwicklung der Lämmer als sehr günstig erwiesen. Ein weiterer Vorteil ist, daß Sie hinter dem Lämmerschlupf Kraftfutter aus Trögen anbieten können, ohne daß es die Mutterschafe ihren Lämmern wegfressen.

Die Bewirtschaftung der Weide

Unter den bei uns herrschenden jahreszeitlichen Klimabedingungen wechselt die Weidehaltung mit einer Stallhaltungsperiode ab, die einen höheren Futter- und Arbeitsaufwand erfordert. Nach der Winterruhe der Weiden wird im zeitigen Frühjahr je nach Bedarf die Fläche gedüngt, Erdhaufen müssen geschleift und die Umzäunung kontrolliert und ausgebessert werden. Eine Weidefläche sollte jedoch keineswegs überdüngt werden. In der Regel reicht es aus, die Fläche maßvoll mit Phosphat-Kalk-Dünger und Kompost aus Schafsmist zu düngen. Eine solche mit Kompost gedüngte Weide bietet im Hinblick auf die Pflanzenzusammensetzung, die Schmackhaftigkeit und Zuträglichkeit des Aufwuchses für die Weidetiere besseres Futter als exzessiv mit Stickstoffdünger getriebene Weiden. Nun soll dem Stickstoffdünger keineswegs die enorme Ertragssteigerung, die man mit seiner Hilfe bei manchen Pflanzen unter Umständen erzielen kann, abgesprochen werden, auch eine generelle Verteufelung der Produkte der chemischen Industrie ist nicht angebracht. Wenn Sie es sich aber leisten können, auf eine weitere Massenertragssteigerung durch handelsüblichen Stickstoffdünger zu verzichten, so kann ich Ihnen dies auch im Hinblick auf den Natur- und Artenschutz sehr empfehlen. Die meisten heute selten gewordenen oder in ihrem Bestand bedrohten Wiesenkräuter sind der Flurbereinigung und dem Stickstoffdünger zum Opfer gefallen. Der erste Auftrieb kann je nach Witterungsbedingungen und Temperaturverhältnissen zwischen März und Mai vorgenommen werden, wenn die Grasnarbe im Durchschnitt eine Handbreit aufgewachsen ist. Im Interesse des Weidefutterertrages sollte der Auftrieb nicht zu früh erfolgen, da sonst die zur Verfügung stehenden Flächen zu rasch hintereinander kahl gefressen werden. Es ist günstiger, zunächst noch Heu und Kraftfutter beizufüttern und nicht alle Koppeln sogleich zu beweiden. Für den Ertrag einer Weidefläche ist neben Bodenqualität und Klimabedingungen eine planvolle Bewirtschaftung von großer Bedeutung. Am besten ist es für die Weide, wenn sie nur kurze Zeit intensiv von den Weidetieren abgefressen wird und dann eine längere Erholungszeit hat. Ist diese Ruhezeit lang genug, wirkt sich das auch im Hinblick auf die Parasitenbekämpfung vorteilhaft aus (→ Seite 45 bis 47).

Aus diesem Grund und um einen erwünschten artenreichen Futterpflanzenbestand zu erhalten, ist die wechselnde Nutzung – einmal als Weide und dann zur Heu- oder Silagegewinnung (Gärfutter) – sehr zu empfehlen. Einen ähnlich günstigen Einfluß hat das gleichzeitige oder sukzessive Beweiden durch verschiedene Tierarten wie Schafe, Rinder, Pferde, Schweine oder Gänse. Schafe eignen sich recht gut als Ergänzung zur Pferdehaltung. Reine Pferdeweiden verlieren durch die ständig an Umfang zunehmenden Kotplätze (Geilstellen) immer mehr an Qualität. Schafe beweiden auch die Pflanzen der Pferde-Geilstellen. Auf diese Weise nutzen sie das sonst unverwertbare Futter, pflegen dadurch die Weide und vermindern die Brut der Pferdeparasiten. Die Pferde wiederum weiden ohne weiteres auf mit Schafkot gedüngten Flächen und vermindern die Parasitenbrut der Schafe. (Es gibt nur eine Magendarmwurmart, die bei beiden Tierarten gleich gut gedeiht). Sie können also beide Tierarten, vorausgesetzt, sie sind aneinander gewöhnt, zusammen auf der Weide halten. Nur zur Lammzeit sollten Sie die Mutterschafe mit ihren Lämmern von den Pferden getrennt halten. Es besteht sonst die Gefahr, daß die Lämmer von den Pferden versehentlich verletzt oder totgetreten werden.

Wieviel Schafe auf welchem Raum?
Für das richtige Verhältnis zwischen Stückzahl der Tiere und Größe der Weidefläche sind die Bodenqualität, die Klimabedingungen sowie die Intensität der Bewirtschaftung (Düngung, Weide- und Ruhezeiten) von entscheidender Bedeutung. Bei guten Weiden können Sie je Hektar von einer Besatzstärke von 8 bis 12 Mutterschafen mit ihren jeweiligen Lämmern ausgehen (die im Gewicht von etwa 40 kg geschlachtet oder verkauft werden). Dabei wird auch noch Winterfutter (Heu) von dieser Fläche gewonnen. Das heißt: Für ein Schaf werden etwa 10 Ar Weidefläche gebraucht ($1000 m^2 = 10$ Ar, 100 Ar $= 1$ Hektar). Dies ist lediglich ein Orientierungswert. Bei gutem Weideland und intensiver Bewirtschaftung, das heißt, etwa 2 bis 10 Tagen Weidezeit mit 20 bis 40 Tagen Ruhe-Aufwuchszeit, bei intensiver Düngung oder Fütterung der Tiere mit Zusatzfutter, kann die Tierzahl erhöht werden. Hingegen ist eine Standweide (die Tiere befinden sich ganzjährig auf derselben Fläche) auf kargem Boden in ungünstigem Klima ohne Bedüngung und Zufütterung der Schafe auch mit 8 Tieren pro Hektar überbelegt.

Die Standweide ist in bezug auf den Ertrag die unwirtschaftlichste Lösung. Sie erfordert aber den geringsten Arbeitseinsatz und stellt für jemanden, der ein großes Grundstück zur Verfügung hat und der sich gerne ein paar Schafe halten möchte, obwohl er wenig oder nur unregelmäßig Zeit erübrigen kann, durchaus eine Möglichkeit dar. Er muß sich dann allerdings mit einem geringen Besatz an Tieren zufriedengeben.

Wer aber genügend Zeit hat und sich intensiv um das Wohlergehen seiner Tiere kümmern und eine planvolle Weideführung vornehmen kann, kann seine Weide durch einen starken Besatz optimal nutzen.

Der versetzbare Pferch und das Antüdern

Eine Möglichkeit, auch einzelne Tiere (vor allem Milchschafe) weiden zu lassen, ist das Antüdern. Dazu legen Sie dem Schaf ein Lederhalsband um und befestigen daran eine 2 bis 4 m lange leichte Eisenkette. Das andere Ende dieser Kette wird an einem *ganz* in die Erde eingeschlagenen Pflock über einen Ring befestigt. Es ist wichtig, am oberen und unteren Ende der Kette je einen

Durch Antüdern ist es möglich, auch einzelne Tiere ohne Aufsicht weiden zu lassen: Am Lederhalsband wird eine 3 bis 4 m lange, leichte Eisenkette befestigt, deren Ende an einem ganz in die Erde eingeschlagenen Pflock angebracht ist.

Wirbel anzubringen, so kann sie sich nicht aufdrehen und eine Strangulation des Tieres wird vermieden. Sie müssen auch darauf achten, daß sich im Radius der Kette kein Gegenstand befindet, an dem sie sich verfangen kann, schon dünne Sträucher, herumliegende oder überhängende Baumäste können sehr gefährlich sein. Natürlich müssen Sie auch darauf achten, daß bei mehreren getüderten Schafen niemals zwei Tiere zusammenkommen können, sonst bestünde die Gefahr, daß sie sich gegenseitig mit ihren Ketten erwürgen. Wird ein Schaf zum ersten Mal angetüdert, sollten Sie es beobachten, bis es mit der neuen Situation vertraut ist. Getüderte Tiere müssen regelmäßig getränkt und bei allzu ungünstigen Witterungsbedingungen (Gluthitze oder Platzregen) nach Hause geholt werden. Man kann durch Tüdern auch kleine Grasstücke und unter Umständen auch Wegränder nutzen. Eine andere Möglichkeit, den Tieren täglich frische Weide und gleichzeitig genügend Platz zu bieten, stellt ein *versetzbarer Pferch* dar; beispielsweise ein leichtes Elektroknotengitter, dessen Pfähle schnell und einfach herausgezogen und wieder in den Boden gerammt werden können. An den Ecken beginnend, stecken Sie einen Teil der Pfähle täglich so um, daß jeweils ein dem Bedarf der Tiere entsprechender neuer Wiesenstreifen zum Beweiden freigegeben wird. Gleichzeitig können die Tiere die schon abgeweidete Restfläche noch zur Bewegung, zum Ruhen und Koten benutzen. Auf dem nun außerhalb des Zaunes liegenden Wiesenteil kann schon wieder frisches Grün wachsen. Mit einem derartig vorrückenden Pferch kann eine Weidefläche sehr gut ausgenutzt und die Infektionsgefahr durch Parasiten vermindert werden.

Der Stall

Größere Schafherden werden in der kalten Jahreszeit meist in weiträumigen Hallen oder offenen Scheunen untergebracht, deren Innenraum unterteilt ist. Für die Unterbringung einiger weniger Schafe können Sie alte leerstehende Stall- oder Scheunengebäude nutzen. Besteht diese Möglichkeit nicht, so genügt eine offene Schutzhütte auf der Weide für die Ansprüche Ihrer Tiere.

Schutzhütte und Stallraum

Eine Schutzhütte sollte so bemessen sein, daß alle Ihre Schafe genügend Platz darin finden. Sie sollten eine Grundfläche von 1,20 bis 1,50 m² für jedes erwachsene Zuchttier, 0,5 bis 0,8 m² für Jungtiere ansetzen, wobei es für die Tiere nicht nachteilig ist, wenn ihnen mehr Platz zur Verfügung steht.

Eine Weideschutzhütte sollte immer an einem möglichst trockenen Platz errichtet werden und keinesfalls an einer Stelle, an der sich nach längeren Regenfällen Wasser ansammelt. Die Hütte muß nach der Wetterseite, von der häufig Wind und Regen zu erwarten ist, verschlossen, die offene Seite gegenüberliegend sein. Damit die Holzteile am Boden nicht zu schnell verrotten, können Sie entweder eine Steinunterlage für die Eckpfosten verwenden oder reichlich imprägnierte Stämme (nach Art der Telegraphenmasten) als Eckpfosten eingraben.

Ein Stallraum, in dem Schafe über längere Zeit gehalten werden sollen, muß trocken und hell sein. Als günstig für Schafe hat sich eine Stalltemperatur von 6 bis 14° C bei einer relativen Luftfeuchtigkeit von 60 bis 80% erwiesen. Schafe sind noch mehr als andere Nutztiere empfindlich gegen Stalldunst; deshalb sollte der Raum, wenn möglich, eine Deckenhöhe von mindestens 4 m haben, und die Grundfläche sollte bei kleinen Tierzahlen 1,50 m² pro Tier nicht unterschreiten. Erforderlich ist eine Fensterfläche im Stall, die etwa 1/15 der Bodenfläche beträgt. Die Stalltüren müssen immer nach außen hin zu öffnen sein. Es ist zweckmäßig, sie so zu konstruieren, daß sie bei entsprechender Witterung durch Lattentüren ersetzt werden können, die eine bessere Luftzufuhr ermöglichen. Wobei der Luftaustausch immer von einer Stallseite aus erfolgen sollte, Zugluft ist auf jeden Fall zu vermeiden.

Die Einstreu

Als Einstreu wird meistens Stroh verwendet, das durch wiederholtes Aufstreuen mit frischem Stroh eine sogenannte Matratze bildet. Dabei müssen Sie beachten, daß diese Tiefstreu immer trocken bleibt. Es ist von Vorteil, bei dieser Art der Haltung die Raufen und Tröge jeweils durch Höherstellen dem Wachsen des Untergrundes anzupassen. Nach Ende der Stallperiode wird dann der Mist entfernt. Diese Arbeit ist recht mühsam und schweißtreibend, wenn Sie sie in Handarbeit mit der Mistgabel verrichten müssen. Der Einsatz eines Frontladers bei entsprechend maschinengerechten Stallmaßen erleichtert natürlich, besonders bei größeren Tierzahlen, das Entmisten.

Auch auf Spaltenböden ohne Einstreu können Schafe gehalten werden. Der Boden besteht aus Holzbohlen (etwa 40 cm breit, Spaltenbreite 2 cm) oder industriell gefertigten Metallrosten. Diese Art der Haltung dürfte jedoch für einen Halter weniger Schafe nicht in Frage kommen und wird wohl auch den Tieren weniger zusagen.

Die Ablammbuchten

Bei größeren Tierzahlen können Sie den Stallinnenraum durch Holzhürden in mehrere Buchten unterteilen (→ Zeichnung Seite 21); in jedem Fall ist es ratsam, für hochtragende Mutterschafe kurz vor der Geburt Ablammbuchten einzurichten. Hier können die Mütter mit den Neugeborenen auch die ersten Tage nach der Geburt ungestört verbringen, bis die Mutter-Kind-Bindung gut gefestigt ist, die jungen Lämmer gekräftigt sind und ihre anfängliche Unbeholfenheit verloren haben.

Die Raufe, wichtige Vorrichtung für die Futteraufnahme. Sie sollte so beschaffen sein, daß den Schafen das Futter sauber angeboten werden kann, jedes Tier seine bestimmte Ration bekommt und möglichst kein Futter durch Verstreuen verlorengeht.

Tröge und Raufen

Der Zweck von Trog und Raufe ist es, daß den Schafen das Futter sauber angeboten werden kann, jedes Tier seine bestimmte Ration bekommt und möglichst kein Futter durch Verstreuen im Stall verlorengeht. Grundsätzlich können Sie den Tieren Heu aus einer Wandraufe, Kraftfutter aus Holz-, Metall- oder glasierten Tontrögen anbieten. Zweckmäßiger und allgemein üblich ist eine kombinierte Einrichtung von Raufe und darunterliegendem Trog. So werden kleine Heureste, Grassamen und abgebrochene Heublättchen, die aus der Raufe fallen, im Trog aufgefangen und können von den Tieren noch gefressen werden. Eine schräge Stellung der Raufenlatten über dem Trog verhindert, daß die Schafe in den Trog springen und das Futter verschmutzen und verstreuen. Um zu vermeiden, daß Heu aus dem oberen Teil der Raufe auf Nacken und Rücken der Schafe fällt und so die Wolle verschmutzt, werden entsprechende Bretter angebracht. Die Raufe sollte für jedes angebotene Futter geeignet sein und möglichst wenig Platz beanspruchen. Nach diesen Gesichtspunkten können Sie sich eine Raufe, dem Bedarf und den Gegebenheiten entsprechend, selbst bauen. Es werden aber auch im Handel genormte Raufentröge für Schafe angeboten. Bei geraden Raufen rechnen Sie am besten mit einer Länge von 60 bis 70 cm pro Mutterschaf mit Nachzucht. Der Abstand zwischen zwei Raufenlatten beträgt etwa 5 cm, so daß die Schafe das Heu in kleinen Portionen herausziehen und gleich verzehren können. Die Raufen und Tröge werden entweder an der Stallwand angebracht oder freistehend als Doppelraufe verwendet. Die freistehende Raufe beansprucht mehr Platz, kann aber an beliebigen Plätzen aufgestellt werden und bietet, da die Schafe von zwei Seiten fressen, der doppelten Tierzahl Futterplatz.

Vorratsraum für Heu und Stroh

Bei der üblichen Schafhaltung mit Stroheinstreu und überwiegender Heufütterung müssen Sie von einem Raumbedarf von 2 bis 3 m³ pro Schaf für die Vorräte ausgehen. Der beste Lagerraum ist der Dachboden

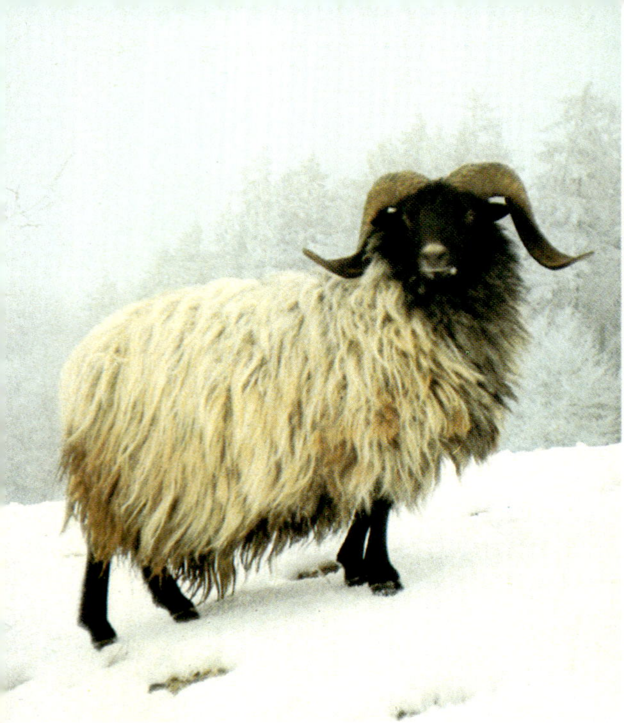

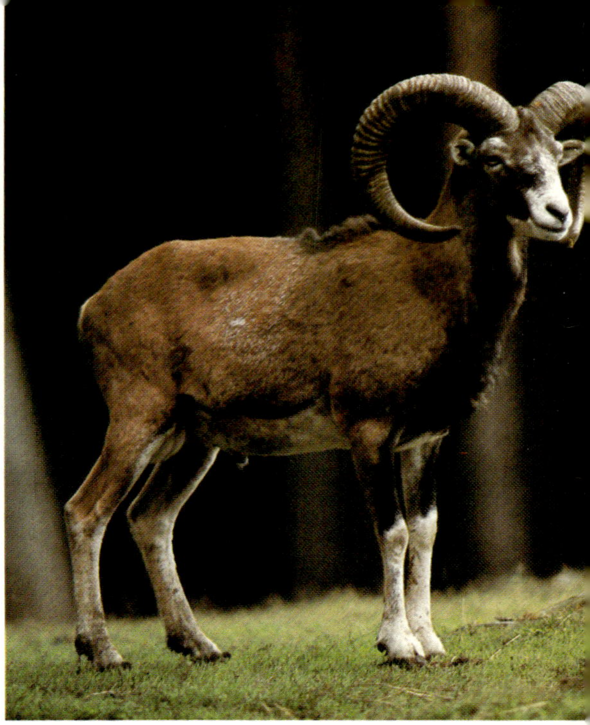

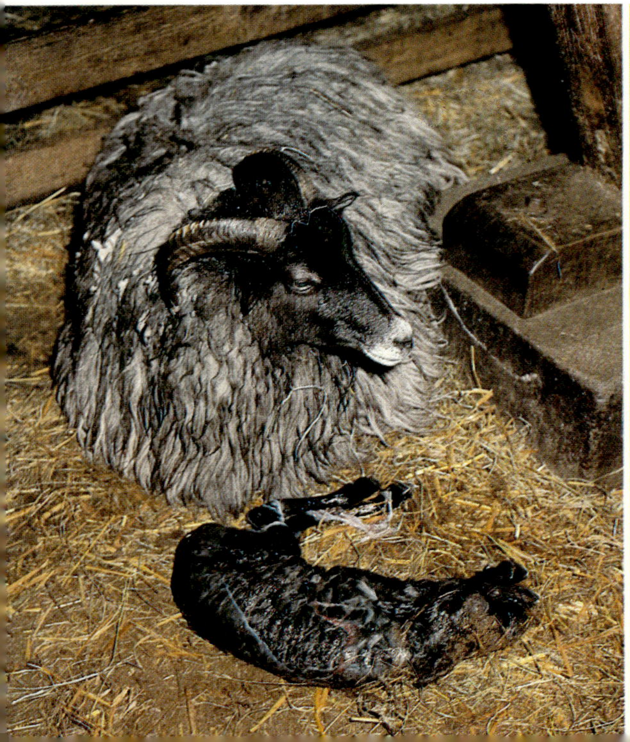

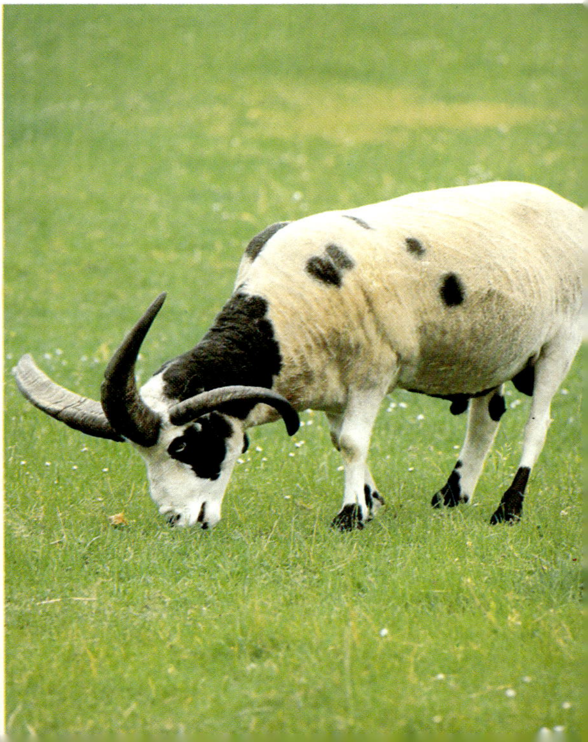

Gehörnte Landschafrassen.
Oben links: Weißer gehörnter Heidschnucken-Schafbock
aus der Zucht des Autors; oben rechts: Mufflonwidder;
◁ unten links: Graue gehörnte Heidschnucke mit Neugebore-
nem; unten rechts: Englisches Vierhornschaf nach der
Schur.

über dem Stall. Es sollte jedoch keine offene Verbindung zu den Heuvorräten bestehen, da der Stalldunst zur Entwicklung von
Schimmelpilzen und Fäulniserregern im Heu
führt. Stehen andere Lagerräume zur Verfügung, so sind natürlich die am besten geeignet, die in der Nähe des Stalles liegen. In
jedem Falle sollten Sie Heu und Stroh nicht
direkt auf dem Erdboden lagern, sondern
Holzroste unterlegen (mit etwa 30 cm Abstand zum Boden). Die Vorräte sollen unter
einem regendichten Dach gelagert werden.
Zur Not können Sie Heu oder Stroh auch
im Freien aufrichten, wenn es nicht direkt
auf dem Erdboden aufsitzt und mit Kunst-
stoffplanen oben sorgfältig abgedeckt und
gegen Wind und Sturm gesichert wird.
Auch für Kraftfuttervorräte gilt der Grund-
satz der trockenen Lagerung auf einem
Holzboden oder in geeigneten Silos. Feuchtigkeit verdirbt die Futtervorräte, mindert
ihren Nahrungswert und kann über die von
Schimmelpilzen und Bakterien gebildeten
Zersetzungsprodukte und abgesonderten
Giftstoffe (Toxine) zur Vergiftung der Tiere
führen.

Kennzeichnen der Schafe

Um die einzelnen Tiere in der Herde ausein-
anderhalten zu können und um einen Über-
blick über Alter und Zuchtleistung zu haben, wird eine dauerhafte Kennzeichnung
der Tiere vorgenommen. Für eine Herdbuchzucht von Rassetieren ist die Kennzeichnung unumgänglich. Allgemein üblich
ist ein Tätowieren von Nummern in die Ohr-
muschel der Tiere. Dieses Verfahren ist der
Markierung durch Metallohrmarken vorzu-
ziehen, denn Ohrmarken können zu Entzün-

dungen führen und werden oft ausgerissen.
Für kurzfristige Kennzeichnung, etwa bei
Behandlung oder kurzzeitigem Vermischen
verschiedener Herden, genügt ein Besprü-
hen der Wolle mit handelsüblichem Farb-
spray oder eine Markierung mit einem Fett-
farbstift.

Die erforderliche Pflege

Klauenpflege (→ Zeichnung Seite 48)
Je nach Klauenwachstum und Bodenverhält-
nissen müssen die Klauen der Schafe geschnitten werden, mindestens aber zweimal
im Jahr: vor dem Weideaustrieb im Frühjahr
und im Spätherbst. Dazu setzen Sie das
Schaf vor sich hin, so können Sie dann ohne
Gegenwehr des Tieres mit einem scharfen
Klauen- oder Hufmesser das Klauenhorn um
das notwendige Maß kürzen. Die Klaue
muß außerdem auf Unregelmäßigkeiten
oder Veränderungen untersucht werden. Bei
gesunden Klauen reicht es aus, ihre Spitze
etwas zu stutzen und den meist nach innen
sich einrollenden Tragrand soweit zu kürzen,
daß das Tier auf ebenem, festen Boden auf
der Schnittkante läuft. Hohle Wände oder
Faulstellen erfordern ein tiefgehendes Ausschneiden. Am besten lassen Sie sich das
Klauenschneiden beim ersten Mal von einem Schäfer zeigen, dann können Sie künf-
tig diese einfache Arbeit selbst ausführen.
Treten beim Ausschneiden der Klauen Blutungen auf, so empfiehlt es sich, sie gleich
mit einem geeigneten antibakteriellen Spray
zu versorgen. Auf einen Verband kann meist
verzichtet werden, die Blutung hört nach
kurzer Zeit auf.

Schafschur

Sämtliche Wollschafrassen bedürfen einmal im Jahr einer Schur (→ Farbfoto Seite 56). Das geschieht vor allem wegen der Wolleverwertung, aber auch, damit die Tiere im Sommer nicht unter ihrem dicken Pelz leiden und um das Verfilzen und den Ungezieferbefall zu verhindern.

Der günstigste Zeitpunkt für die Schur liegt beim Einsetzen der warmen Witterung, meist Ende April oder Anfang Mai an einem milden, sonnigen Tag. Liegt ein Befall der Tiere mit Außenparasiten (→ Seite 45) vor, so ist in der Zeit kurz nach der Schur eine gute Voraussetzung für die Behandlung gegeben.

Wollen Sie saubere Wolle von guter Qualität erzielen, müssen die Schafe sauber gehalten werden. Kotverklumpte Wollpartien und Verschmutzung durch Einstreu (Sägespäne, Strohgrannen) und vor allem Heu mindern den Wert des geschorenen Vlieses erheblich. Zur Schur sollen die Schafe trocken sein. Erfahrene Schafscherer setzen das Schaf zur Schur ebenso wie zum Klauenschneiden hin und scheren gleichmäßig vom Kopf nach hinten und vom Bauch zum Rücken des Tieres, bis das Vlies als zusammenhängender Mantel abgelöst ist. Nun mag es durchaus Leute geben, die mit einer mechanischen Schafschere, die mit der Hand zusammengedrückt wird und sich durch Federwirkung wieder öffnet, ein Schaf gut und ordentlich scheren können. Eine erhebliche Erleichterung stellt eine elektrisch betriebene Schafschermaschine dar. Sie ermöglicht ein schnelles und sauberes Scheren und vermindert die Gefahr von Hautverletzungen beim Schaf. Der Scherkopf der Maschine muß immer scharf geschliffen sein, damit er die Haare leicht abtrennt; die Stellschraube muß angezogen sein; vor der Schur muß die Maschine geölt werden. Sind diese drei Voraussetzungen gegeben, so läßt sich die Schur leicht durchführen. Um die Haut des Schafes nicht zu verletzen, muß sie etwas gespannt werden. Nur so bekommen Sie eine glatte Scherfläche und vermeiden eine Faltenbildung. Sie dürfen auf keinen Fall am Vlies ziehen, weil dadurch Hautfalten entstehen. Bei den natürlichen Hautfalten im Bereich von Hals, Beinen und Schwanz sollten Sie beim Scheren erhöhte Vorsicht walten lassen. Bei männlichen Tieren bietet die Präputialöffnung, bei weiblichen die Scheide eine weitere Verletzungsgefahr bei unachtsamem Scheren. Trotz größter Vorsicht sind oberflächliche Verletzungen der Haut jedoch nicht immer zu vermeiden. Sie sollten gleich mit Jodtinktur oder Antibiotikaspray versorgt werden und heilen dann rasch und komplikationslos.

Haben Sie nur wenige Tiere zu scheren und besitzen keine eigene Schermaschine, so können Sie auch einen Schäfer bitten, die Schur zu übernehmen. Die geschorene Wolle reicht aber in der heutigen Zeit als Entgelt für die Schurarbeit meist nicht aus. Gleich nach der Schur wird die Wolle sortiert und in Säcke gefüllt.

Die richtige Fütterung

Was und wieviel braucht ein Schaf?

Von Natur aus ist das Schaf ein Weidetier und das natürliche, artgemäße Futter ist der Weidebewuchs.

Jeder Organismus braucht zu seinem Aufbau Eiweiß und für seine Leistungen Energie (Kohlenhydrate), hinzu kommen Mineralstoffe, Spurenelemente und Vitamine. Eine Grundvoraussetzung für sämtliche Lebensvorgänge ist das Wasser.

Bei Futtermitteln wird der Gehalt an verdaulichem Eiweiß meist in Prozent und die Stärkeeinheiten pro kg angegeben (eine Stärkeeinheit ist die Energiemenge, die aus 1 g verdaulicher reiner Stärke gewonnen wird). Der Rohfasergehalt (Pflanzenzellulose) wird ebenfalls in Prozent angegeben. Der Tagesbedarf für ein Schaf mit Lamm beträgt etwa 1,8 kg Futtertrockenmasse, in dem 150 g Eiweiß und 800 Stärkeeinheiten enthalten sind.

Es gibt verschiedene Arten der Winterfütterung. Sie richten sich hauptsächlich nach dem Angebot an Futtermitteln und nach deren Kosten. *Grundsätzlich sollte den Tieren während der Winterfütterung immer genügend Wasser, Futterstroh und Mineralleckstein zur Verfügung stehen.* Wenn Sie ausschließlich Heu füttern, müssen Sie für ein Zuchttier täglich etwa 1,7 bis 2,5 kg rechnen. Füttern Sie ungefähr 500 bis 700 g Kraftfutter dazu, so können Sie Heu einsparen und kommen dann mit 1,5 kg aus. Ebenso wird die Heumenge vermindert, wenn Silage oder Rüben zugefüttert werden. Den erhöhten Bedarf an Eiweiß und Energie, den Zuchttiere gegen Ende der Trächtigkeit ebenso wie Zuchttiere mit jungen Lämmern oder rasch wachsende Mastlämmer haben, decken Sie am besten durch Kraftfutterzulagen.

Ob Sie die Schafe ihrem Bedarf entsprechend füttern, erkennen Sie am besten am Futterzustand der Tiere. Werden Sie immer fetter, verringern Sie die Ration etwas. Nehmen die Tiere ab, oder werden gar mager, müssen Sie etwas Futter zulegen. Diese Beurteilung setzt allerdings eine gewisse Erfahrung voraus. Bei wolletragenden Schafen kann ein falscher Eindruck entstehen und Sie müssen Ihre Hände zu Hilfe nehmen, um vor allem am Rücken festzustellen, ob ein Fettpolster vorhanden ist oder ob die Knochenkämme sich deutlich unter der Haut abzeichnen. Wenn Sie nur wenige Schafe halten, ist als Kraftfutter für die Tiere das handelsübliche »Mischfutter für Zucht« sehr geeignet.

Heu und Stroh

Die Grundlage der Winter- und Stallfütterung bildet auch heute noch das Heu, das ist der durch Trocknung haltbar und lagerfähig gemachte Aufwuchs der Wiese. Für die Qualität und den Futterwert des Heus sind mehrere Faktoren entscheidend.

Zunächst ist die Zusammensetzung der Gras- und Kräuterarten einer Wiese für die Heuqualität wichtig. Eine Wiese, die infolge Überdüngung mit Stickstoffdünger (Gülle, Klärschlamm) aus einer eintönigen Monokultur weniger Gräser besteht (Wiesenfuchsschwanz, Knaulgras, Quecken), bietet keine Grundlage für gutes Heu. Wenn sich der Aufwuchs aus vielen verschiedenen Futtergräsern und Kleearten mit einem vielfältigen Bestand an anderen Wiesenkräutern zusammensetzt (Löwenzahn, Wicken, Bärenklau, Wegerich, Fingerkraut und andere), läßt sich aus diesen Pflanzen ein gutes und von den

31

Die richtige Fütterung

Tieren gern verzehrtes Heu bereiten. Es kann sogar fast als ausschließliches Winterfutter verwendet werden.

Für den Gehalt an verschiedenen Stoffen, Mineralien und vor allem Eiweiß ist außerdem der Zeitpunkt des Schnittes von großer Bedeutung. Je jünger der Pflanzenaufwuchs, um so eiweißreicher und rohfaserärmer (Ballaststoffe, Zellulose) ist er. Der Futterwert einer bestimmten Heumenge aus jungem Pflanzenaufwuchs ist erheblich höher als der einer gleichen Menge, die nach der Grasblüte oder gar im Spätsommer aus verhärteten Pflanzenstengeln und dürren Grashalmen gewonnen wurde. Zu früh abgemähtes Gras wiederum bringt einen zu geringen Massenertrag und trocknet sehr schlecht. Der beste Zeitpunkt für den Heuschnitt ist zu Beginn der Grasblüte (in unseren Breiten Ende Mai bis Juni).

Neben dem Alter und der Pflanzenzusammensetzung des Mähgutes ist nun die Art und Weise der Trocknung und vor allem das »Heuwetter« von entscheidendem Einfluß auf die Heuqualität. Gutes Heu sollte innerhalb von 3 bis 4 Tagen nach dem Mähen eingebracht werden, möglichst ohne Regen abbekommen zu haben.

Je länger das Heu draußen auf der Wiese liegenbleibt, je mehr Erde durch Heumaschinen eingemischt worden ist und je mehr Nässe eingewirkt hat, um so mehr sinkt die Heuqualität.

Wenn Sie nur wenige Tiere besitzen und über genügend freie Zeit verfügen, können Sie Ihre Wiese, wie es früher üblich war, mit der Sense mähen. Vielen Menschen macht diese Arbeit Freude, und das abgemähte Gras liegt in sauberen Schwaden da. In den meisten Fällen wird man aber für die Mäharbeit Maschinen (Traktormähbalken oder Kreiselmäher) verwenden, um Zeit zu sparen. Bei gutem Wetter muß dann das abgemähte Gras morgens, nachdem der Tau getrocknet ist, und nachmittags gelockert und gewendet werden. So kann es gleichmäßig und ausreichend trocknen. In der Regel können Sie dann nach drei Tagen Arbeit das Heu bei regenlosem Wetter einholen und es an einem trocknen, überdachten Ort für den Winter lagern. Vor allem bei unbeständigem Erntewetter stellt die Heutrocknung auf Holzgerüsten (Reutertrocknung) eine sehr gute jedoch arbeitsintensive Methode dar.

Wenn Sie das Heu maschinell zu festen Ballen pressen lassen, können Sie es leichter transportieren, abmessen und lagern.

Nach der Ernte laufen im Heu Umsetzungsprozesse ab, die mit Wärmeentwicklung und weiterer Wasserabgabe einhergehen: das Heu schwitzt. Erst wenn dieser Vorgang völlig abgeschlossen ist – etwa 10 bis 12 Wochen nach der Ernte – darf das Heu verfüttert werden.

Enthält das Heu beim Einlagern noch zu viel Feuchtigkeit, kann die Hitzeentwicklung so stark werden, daß Brandgefahr besteht. Es werden außerdem wertvolle Inhaltsstoffe zerstört und es kommt zur Entwicklung von Schimmelpilzen. Lagert das Heu mehrere Jahre, verliert es immer mehr an Futterwert. Der Vitamingehalt vermindert sich schon erheblich gegen Ende eines Winters.

Viele Einzelschafhalter kaufen ihren Winterbedarf an Heu in Ballen gepreßt vom Bauern oder Händler. Wenn Sie über genügend eigenen Lagerraum verfügen, sollten Sie Ihren Vorrat am besten zur Erntezeit direkt bei einem Bauern kaufen; Sie können so gutes Heu auswählen und mit einem günstigen Preis rechnen.

Die richtige Fütterung

Gutes Heu hat eine grünliche Farbe, enthält neben harten Stengeln viel feine Gräser und Blätter verschiedener Kräuter. Der Geruch ist angenehm aromatisch. Sieht das Heu bräunlich aus, so hat es in der Regel zu viel Regen abbekommen und sein Futterwert ist gemindert. Staubt es beim Aufschütteln, riecht muffig oder enthält es etwa sichtbare Faulstellen und Schimmelpilze, darf es nicht verfüttert werden. Es könnte sonst zu Gesundheitsschäden bei den Tieren führen (→ Seite 48).

Stroh wird ebenfalls zur Fütterung der Schafe verwendet; es sollte sauber, gut getrocknet und ohne Pilzbefall sein. Wiederkäuer können auch aus dem Getreidestroh, das keinen großen Futterwert besitzt, noch Energie gewinnen. Futterstroh sollten die Tiere zusätzlich zu ihrer Ration Heu, Silage, Rüben und Kraftfutter nach Belieben aufnehmen können. Gersten- und Haferstroh eignet sich als Futter am besten, weniger geeignet sind Weizen- und Roggenstroh.

Silage

Silage wird gewonnen, indem frisches Mähgut, Rübenblätter oder Maishäcksel unter Luftabschluß in einem Silo durch den Silierprozeß (Säuern) haltbar gemacht werden. Für einen Halter weniger Tiere kommt aber eine eigene Silagebereitung wegen des erheblichen Aufwandes kaum in Frage. Einwandfreie, saubere, frische Silage kann an Schafe verfüttert werden. Sie sind aber besonders anfällig gegen eine Infektion mit Listerien. Die Gefahr der Listeriose-Erkrankung (→ Seite 50) ist dann besonders groß, wenn verdorbene oder verschmutzte Silage verfüttert wird. Wenn Sie Ihre Schafe hauptsächlich mit Silage füttern wollen, so kann ein Tier etwa 2,5 bis 4 kg täglich bekommen; es sollte allerdings immer etwas gutes Heu zugefüttert werden.

Futterrüben, Möhren und Kartoffeln

Früher wurde die Futterrübe auf jedem Bauernhof angebaut. Sie ist für die Wiederkäuer ein schmackhaftes und bekömmliches Winterfutter. Heute bauen nur noch wenige Betriebe Futterrüben an, da der Arbeitsaufwand trotz der modernen Maschinen noch immer relativ hoch ist. Wenn Sie allerdings eine größere Gartenfläche oder einen kleinen Acker zur Verfügung haben und die Arbeitszeit erübrigen können, so lohnt sich der Anbau von Futterrüben oder auch Möhren für die Winterfütterung. Ihren Futterrübenbedarf können Sie aber auch durch Zukauf bei manchen Anbaubetrieben decken. Die im Herbst geernteten Rüben müssen in einem frostfreien Kellerraum oder einer Feldmiete gelagert werden. Im Winter sollten Sie zu der Heuration etwa 300 g Rüben täglich reichen, in kleine Schnitzel geschnitten oder auch als ganze gereinigte Rüben.

Eine ähnliche Bedeutung wie den Rüben kommt in der Schafhaltung den im Handel erhältlichen Trocken-Zuckerrübenschnitzeln zu. Sie sind ein Abfallprodukt der Zuckerindustrie und werden lose oder pelletiert in Säcken zu 40 bis 50 kg angeboten. Vor dem Verfüttern können Sie sie in Wasser einweichen, kleine Mengen (etwa 150 g pro Tier) können auch trocken verfüttert werden.

Auch Kartoffeln und Kartoffelschalen können roh oder gekocht von Schafen gefressen werden. Sie gelten wegen ihres hohen Energiegehaltes als Kraftfutter.

Die richtige Fütterung

Kraftfutter

Als Kraftfutter wird energie- und eiweißreiches, leicht verdauliches Zusatzfutter bezeichnet, das überwiegend an Tiere mit erhöhter Leistungsanforderung verfüttert wird (hochtragende Mutterschafe, Mutterschafe mit Zwillingen, Mastlämmer, Zuchtböcke). Getreide stellt eine wichtige Kraftfutterbasis dar. Schafe können auch die unzermahlenen Körner des Hafers und der Gerste zerkauen und gut ausnutzen. Häufig werden auch Getreideschrote, Weizenkleie, Tapiokamehl oder Sojaschrot verfüttert. Sojaschrot ist ein hochwertiges Eiweißfuttermittel, das allerdings recht teuer ist.

Immer größere Bedeutung haben in den letzten Jahren die sogenannten Mischfuttermittel erlangt. Die Futtermittelindustrie stellt aus verschiedenen Komponenten dieses, meist in pelletierter Form im Handel erhältliche, Futter her. Neben Mischfuttermitteln für Zucht und Aufzucht gibt es spezielles Mastfutter. In ihrer Zusammensetzung im Hinblick auf den Eiweiß-, Energie-, Mineralstoff- und Vitaminbedarf der Schafe erfüllen diese Futtermittel die Ansprüche, die über wissenschaftliche Fütterungs- und Bedarfsversuche ermittelt wurden.

Außer diesen speziell für Schafe konzipierten Mischfuttern können auch einige Mischfutter für Rinder als Schaffutter verwendet werden.

Mischfuttermittel machen die Fütterung der Tiere einfach und verhindern eine Mangelernährung. Im Vergleich zu den sogenannten Einzelfuttermitteln, wie etwa Gerstenschrot oder Trockenschnitzel, sind sie meist auch vom Preis her annehmbar.

Wasserbedarf

Bei der Koppelhaltung hängt der tägliche Wasserbedarf sehr von den Niederschlägen und vom Wassergehalt der Weidepflanzen ab. Der Wasserbedarf milchgebender Schafe ist am höchsten. Bei saftiger Frühjahrsweide und gelegentlichem Regen benötigen die Tiere kaum zusätzliches Trinkwasser. Es braucht Sie daher auch nicht zu beunruhigen, wenn Ihre Schafe die angebotene Tränke unter diesen Umständen nicht annehmen. Trotzdem sollten die Tiere immer Wasser zur Verfügung haben. Ein Bach oder eine Selbsttränke sind ideal, aber ein ständig mit Frischwasser gefüllter Behälter (Eimer oder Wanne) erfüllt auch diesen Zweck.

Bei der Winterfütterung benötigt ein Schaf etwa zwei Liter Wasser täglich. Grundsätzlich sollte den Tieren aber auch hier jederzeit Trinkwasser zur beliebigen Aufnahme zur Verfügung stehen. Die Tränkgefäße müssen täglich gesäubert und mit frischem Wasser gefüllt werden. Sie sollten so befestigt sein, daß die Tiere sie nicht umwerfen können. Wichtig ist es auch, Tränken so anzubringen, daß sie möglichst nicht mit Kot verschmutzt werden können.

Es gibt Selbsttränken für Schafe, die von den Tieren durch Druck bedient werden oder deren Wasserspiegel mit Hilfe eines Schwimmers (nach Art der alten Wasservorratsbehälter für Toilettenspülung) konstant gehalten wird. Diese Tränken müssen regelmäßig auf Sauberkeit und Funktionsfähigkeit überprüft werden und es ist außerdem darauf zu achten, daß sie bei winterlichem Frostwetter nicht einfrieren.

Zucht und Aufzucht

Rassezucht und Kreuzungszucht

Eine *Rasse* zeichnet sich aus durch bestimmte Merkmale, die den zugehörigen Tieren eigen sind und die sie von anderen Tieren der gleichen Art unterscheiden. Voraussetzung für die Erhaltung einer Rasse und ihre Fortentwicklung in Richtung auf ein bestimmtes Zuchtziel ist die planmäßige Auswahl der Zuchttiere durch den Menschen.

In der *Herdbuchzucht* wurde die größte Vollkommenheit innerhalb der Rassezucht hochzivilisierter Länder erreicht. Hier werden alle Zuchttiere unter Obhut einer zuständigen Züchterorganisation gekennzeichnet und erfaßt und nach einem bestimmten Plan miteinander gepaart. In bestimmten Gebieten wird vom Zuchtverband etwa bei Fleischschafen eine bestimmte Mindestzahl von Mutterschafen (20-50) vorausgesetzt, während Milchschafzüchter auch mit Einzeltieren im Zuchtverband Mitglied sein und gute Erfolge erzielen können.

Zusätzlich gibt es in der Bundesrepublik Deutschland bei landwirtschaftlichen Nutztieren eine staatliche Einmischung in Form des Körzwangs für männliche Zuchttiere. Die Rassezucht, ob mit oder ohne Herdbuch und Körvorschriften, ist für die Erhaltung der unterschiedlichen Formen, ihrer genetischen Eigenart und Bewahrung ihrer charakteristischen Leistungen und Erscheinungsform von großer Bedeutung. Sie bringt auch für den Halter wèniger Tiere Vorteile, da er eine Rasse auswählen kann, die seinen Erfordernissen am besten genügt, und er kann aus eigener Zucht wieder Jungtiere in seinen Bestand aufnehmen.

Außer der Rassezucht gibt es planmäßige und unplanmäßige *Kreuzungszuchten*. Im ersten Falle nutzt man den Heterosiseffekt (bessere Vitalität, bessere Leistung) bei Lämmern, die Eltern verschiedener Rassen besitzen; die Kreuzungslämmer werden dabei in der Regel nicht mehr zur Weiterzucht verwendet, sondern geschlachtet. Unplanmäßige Kreuzungszuchten sind häufig bei Haltern weniger Schafe zu finden, die z. B. Bergschafe mit Merinolandschafen, Schwarzkopfschafen und Milchschafen kreuzen und die Kreuzungstiere auch weiter zur Zucht einsetzen. Für die Zuchtwahl ist häufig der Zufall entscheidend und oft entstehen nach einer gewissen Zeit Tiere, die sich zwar noch vom Wildschaf unterscheiden, aber keiner bestimmten Rasse mehr zuzuordnen sind.

Während der Brunstzeit zeigen Schafe durch bestimmte Verhaltensweisen ihre Paarungsbereitschaft: Uriniert ein weibliches Tier, beginnt der Schafbock oft zu flehmen.

Die Brunst

Bei den Schafen gibt es Rassen mit einer sogenannten saisonalen Brunst, sie sind nur im Herbst brünstig, und Rassen mit asaisonaler Brunst, das heißt, sie sind das ganze Jahr über brünstig. Die saisonale Brunst beginnt im Herbst, wenn die Tage kürzer werden und klingt im Frühjahr bei länger werdenden Tagen ab. Wird ein brünstiges Schaf nicht tragend, so tritt nach etwa 17 bis 20 Tagen die nächste Brunst auf (Brunstzyklus). Die Brunst dauert etwa 24 Stunden. Während die meisten Landrassen, Fleischschafe, Milchschafe und Heidschnucken nur im Herbst eine Brunstsaison haben und daher die Lämmer im Frühjahr geboren werden, können Bergschafe, Skudden und Merinolandschafe ganzjährig brünstig werden und lammen. Schwarzköpfige Fleischschafe haben zwar ebenfalls im Herbst ihre Brunstsaison, können aber auch zu anderen Jahreszeiten gedeckt werden.

Meist beginnt die Deckzeit im September/Oktober. Zur Paarung wird der Bock für die Dauer der Deckperiode mit den weiblichen Tieren zusammengebracht. Dabei sollten einem einjährigen Bock höchstens 30, einem älteren 50 bis 60 Mutterschafe zugeteilt werden. Wenn Sie nur wenige Mutterschafe oder gar nur ein Einzeltier besitzen, lohnt sich die Haltung eines Bockes nicht. Es ist nicht leicht zu erkennen, ob ein Schaf brünstig ist oder nicht. Wenn Sie im Zweifel sind, bringen Sie die Tiere am besten für einige Wochen zu einem Bockhalter, meist ein Schäfer, der sie für diese Zeit in seiner Herde aufnimmt.

Es hat sich sehr bewährt, die Mutterschafe im August vor der Decksaison und nach einer Wurmkur etwa 14 Tage lang knapp zu füttern, sie sollten ohne Mineralfutter- und Kraftfutterzugabe auf karger oder schon von Lämmern vorgeweideter Fläche weiden. Werden die Tiere dann plötzlich wieder zusammen mit dem Bock auf eine sehr gute Weide gebracht und wird Mineral- und Kraftfutter zugefüttert, so kommen sie sehr schnell und fast gleichzeitig in Brunst. Die

Anzahl der angelegten Embryonen ist sehr hoch und die Lämmer kommen im Frühjahr meist innerhalb einiger Tage zur Welt.

Falls Sie nicht die Möglichkeit haben, Ihre Schafe während des Winters zur Lammzeit intensiv in Ställen zu betreuen, ist es besser, wenn die Lämmer erst Ende April bis Mitte Mai geboren werden. Zu dieser Zeit sind die Umweltbedingungen für die kleinen Lämmer wesentlich günstiger als in den Monaten davor und sie können auch gut auf der Weide mit offener Schutzhütte überleben. Bis zum Spätherbst sind sie dann schlachtreif. Da den Muttertieren schon im Mai wertvolles, eiweißreiches Grün zur Verfügung steht, können Sie auf teure Kraftfuttergaben verzichten. Wenn die Lämmer also erst zur günstigen Frühjahrszeit geboren werden sollen, müssen Sie die Schafe im Herbst vom Bock getrennt halten (auch von nicht kastrierten Bocklämmern!). Der Bock darf erst im Dezember zum Decken zugelassen werden. Manche Schäfer versehen ihren Zuchtbock auch zeitweilig mit einer sogenannten Bockschürze, damit er nicht zum unerwünschten Zeitpunkt brünstige Schafe befruchten kann.

Anders ist es, wenn Sie Milchschafe halten und gerne eine möglichst lange Zeit des Jahres frische Schafmilch haben möchten. Die Tiere sollten dann in Abständen gedeckt werden. Wenn Sie beispielsweise drei Mutterschafe besitzen, lassen Sie ein Tier schon im August, ein zweites Ende Oktober und das dritte erst im Dezember oder Januar decken. So haben Sie immer wieder ein frischmelkendes Schaf (frischmelkend ist ein Mutterschaf zu Beginn der Laktation, im Anschluß an die Geburt).

Manche Schafhalter mit wenigen Tieren lösen das Problem der Fortpflanzung auf an-

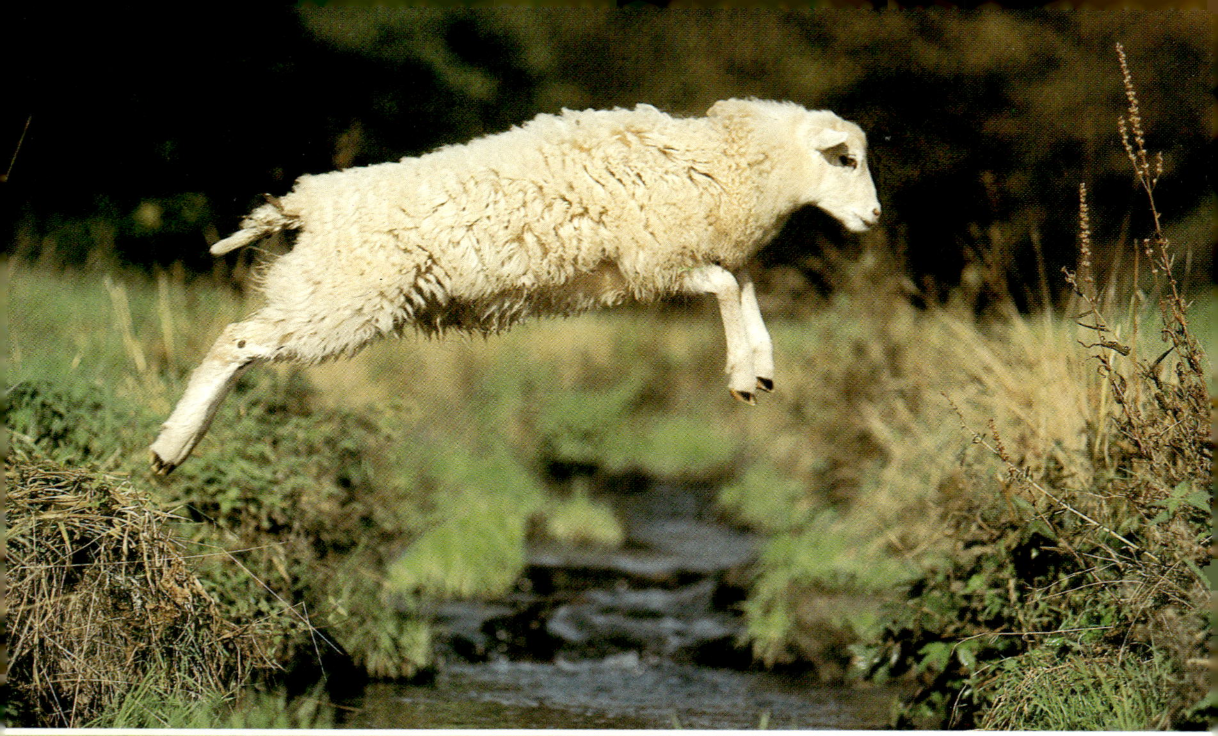

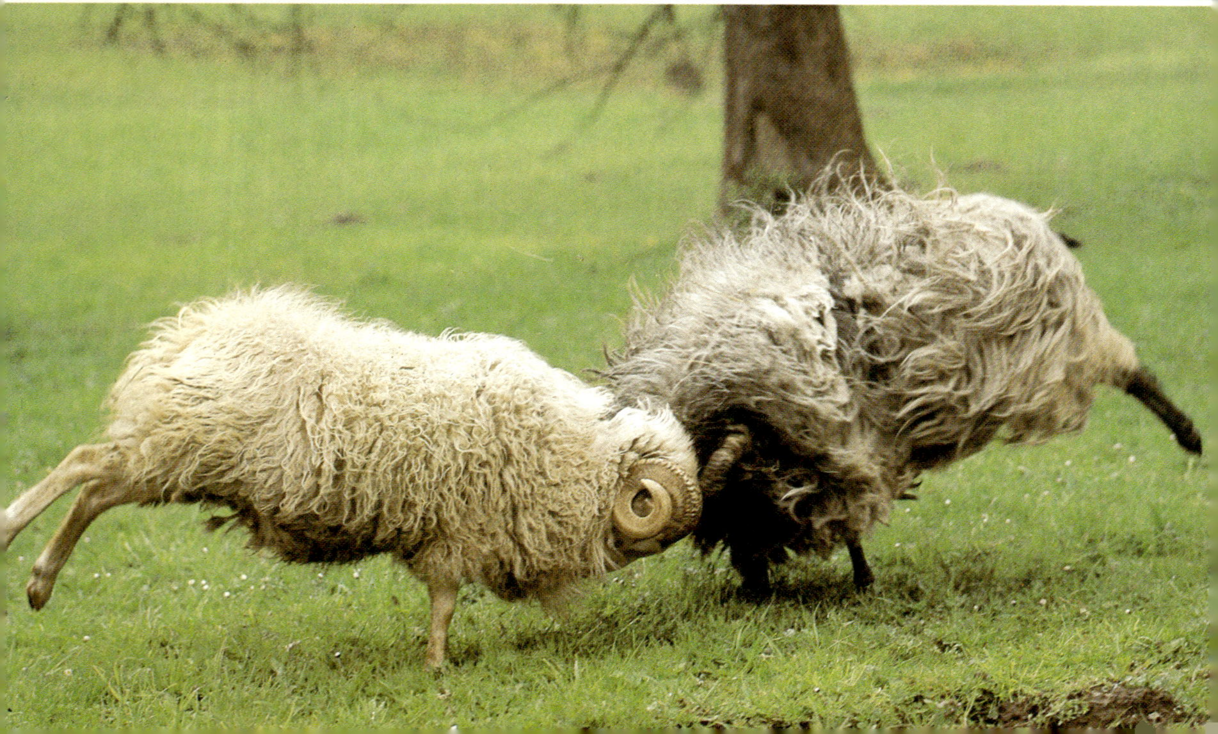

dere Weise: sie ziehen im Frühjahr (Februar/März) ein gutes, kräftiges, unkastriertes Bocklamm auf, dessen Mutter die erwünschten Eigenschaften – beispielsweise gute Milchleistung, gute Futterverwertung, Veranlagung zu Mehrlingsgeburten – besitzt. Ein solches Lamm kann auch von einem anderen Züchter gekauft oder eingetauscht werden. Der Lammbock deckt im Herbst die Schafe und wird im Spätherbst oder im Winter geschlachtet. Dieses Verfahren ist zwar durchaus wirtschaftlich, ist aber nicht vereinbar mit dem Tierzuchtgesetz, das für männliche Nutztiere eine staatliche Körung vorsieht, bevor sie zur Zucht verwendet werden dürfen.

Die Körung

Der Begriff »Körung« kommt aus dem Niederdeutschen und bedeutet »küren«. Die Körung wird von einer staatlichen Kommission vorgenommen, die eine Auswahl der zur Zucht zugelassenen Vatertiere trifft. Körzwang besteht für Pferde, Rinder, Schweine, Schafe, Ziegen, nicht aber für Kaninchen und Geflügel. Körfähig sind Schafböcke ab 6 Monaten, die den Abstammungsnachweis eines anerkannten Zuchtverbandes besitzen, keine groben Erbmängel zeigen und dem jeweils als wünschenswert angesehenen Zuchtziel entsprechen. Der Zuchteinsatz eines Tieres in der Rassezucht ist zunächst also von der Anerkennung des jeweiligen Zuchtverbandes abhängig. Andererseits dürfen gekörte Tiere einer bestimmten Rasse aber durchaus in Rassen anderer Zuchtrichtungen eingekreuzt werden. Mutet auch diese staatliche Einrichtung in einigen Bereichen der Tierzucht manchen etwas

überflüssig an, so ist sie doch Teil staatlicher Fördermaßnahmen, die den organisierten Zuchtverbänden gewisse Vorteile bringen. Die staatlichen Körvorschriften erschweren es aber, örtlich Nutztiere zu züchten, die von den üblichen Zuchtzielen der Leistungsrassen etwas abweichen und sie haben zum Verschwinden mancher Landrassen beigetragen.

Die Geburt

Vor allem bei extensiv gehaltenen Schafen, die im Herdenverband meist ohne jede Geburtshilfe die Lämmer gebären müssen, sind heute wie einst Geburtsstörungen und Schwergeburten viel seltener als bei den stärker vom Menschen abhängigen und intensiv genutzten Rindern und Schweinen. Innerhalb der verschiedenen Schafrassen sind wiederum die ursprünglichen Extensivrassen, wie Hochlandschafe und Heidschnucken, mit ihrer robusten Konstitution und ihren guten Muttereigenschaften kaum auf menschliche Hilfe bei Geburten angewiesen. Bei den intensiv genutzten Fleischrassen ist häufiger während der Geburt und kurz danach eine verstärkte Betreuung durch den Menschen erforderlich. Nach einer Tragzeit von 140 bis 160 Tagen (5 Mon.) werden ein oder mehrere Schaflämmer geboren. Während bei extensiv gehaltenen, ursprünglichen Rassen oder Erstgebärenden oft nur ein Lamm geboren wird, sind bei den meisten intensiver genutzten Rassen Zwillingsgeburten sehr häufig und werden auch im Hinblick auf die Rentabilität der Schafzucht gewünscht. Bei einigen besonders fruchtbaren Rassen kommt es manchmal auch vor, daß die Schafe drei oder vier

Geburt eines Lammes:
1 Die Lage des Lammes gegen Ende der Trächtigkeit;
2 häufigste Geburtsstellung in Vorderendlage;
3 Geburtsstellung in Hinterendlage;
4 durch Preßwehen wird das Jungtier ausgetrieben;
5 das Mutterschaf leckt das Neugeborene trocken, die Nachgeburt ist noch nicht abgegangen.

Lämmer zur Welt bringen. Häufiger sind solche Mehrlingsgeburten zum Beispiel beim Milchschaf.

Es ist ratsam, besonders, wenn Sie eine größere Anzahl von Schafen haben (mehr als drei Muttertiere), kurz vor der Geburt stehende Schafe in eine kleine, saubere Einzelbox zu bringen. Hier können sie ungestört gebären und ihre neugeborenen Lämmer versorgen und kennenlernen.

Die nahende Geburt kündigt sich äußerlich durch das Schwellen des Euters sowie die Erweichung und Lockerung des Geburtsweges an.

Die Geburt vollzieht sich nach einer vorangegangenen längeren Vorbereitungszeit in drei Phasen:

• Eröffnungsphase – in der sich der Geburtsweg allmählich weitet.

• Austreibungsphase – in der das Lamm durch kräftige Wehen und Bauchpresse hinausgetrieben wird.

• Nachgeburtsphase – in der sich die Gebärmutter von den Nachgeburtsresten reinigt.

Eine normale Schafgeburt dauert etwa ½ bis 2 Stunden. Auf keinen Fall sollten Sie bei einer normalen Geburt eingreifen, sondern das Muttertier möglichst an einem ruhigen, sauberen Ort ungestört lassen. Das Lamm befindet sich bei der normalen Geburt in oberer Stellung, das heißt der Rücken des Lammes weist zum Rücken der Mutter, und wird in Vorderendlage ausgetrieben (der Kopf liegt auf den beiden gestreckten Vorderbeinen). Manche Abweichungen der Normallage stellen kein Geburtshindernis dar, während andere ohne sachkundige Korrektur des Menschen zum Tode der Lämmer und sogar zum Tod des Muttertieres führen können.

Komplikationen können eintreten durch:
- Fehllagen
- Mangelnde Öffnung des Muttermundes
- Mehrlinge, die sich gegenseitig im Geburtsweg behindern
- Zu große Lämmer

Weitaus die meisten Schafgeburten laufen aber störungsfrei und ohne menschliche Geburtshilfe ab. Sollten aber Abweichungen im Verhalten des Muttertieres oder eine überlange Dauer der Geburtsvorbereitung beobachtet werden, ist es für einen wenig erfahrenen Schafhalter ratsam, rechtzeitig einen Tierarzt oder einen erfahrenen Schäfer hinzuzuziehen.

Die erste Milch, die im Euter nach der Geburt gebildet wird (Kolostralmilch), sollte *möglichst bald* vom Lamm aufgenommen werden. Sie liefert dem Neugeborenen Energie und löst das Darmpech. Außerdem stellt sie Antikörper bereit, die es dem Lamm ermöglichen, frühe Infektionen durch Krankheitserreger abzuwehren.

Das neugeborene Lamm wiegt etwa 5 bis 10% des Muttergewichtes. Es wird, wie alle pflanzenfressenden Herdentiere, als Nestflüchter schon sehr ausgereift geboren und kann schon wenige Minuten nach der Geburt aufstehen und selbständig das mütterliche Euter zum Saugen aufsuchen. Schafe mit guten Mutterinstinkten wenden sich den Neugeborenen sofort zu, lecken sie ausgiebig und bieten ihnen ihr prallgefülltes Euter. Dieser gute Mutterinstinkt ist bei ungünstigen örtlichen Verhältnissen und schlechter Witterung für das Überleben der Jungtiere von entscheidender Bedeutung. So konnte ich erleben, daß ein Mischlingsschaf in einer Winternacht bei einer Temperatur von $-20°$ und hoher Schneelage auf der Weide Zwillinge gebar, die beide aufgrund ihrer guten Konstitution und der guten mütterlichen Betreuung am Morgen gesund und munter hinter ihrer Mutter durch den Schnee liefen. Es sollte jedoch möglichst vermieden werden, daß die Geburt bei Frost im Freien stattfindet, da Lämmer hochgezüchteter Wirtschaftsrassen häufig dabei umkommen, das gilt vor allem bei mangelndem Pflegeinstinkt der Mutter. Die besten Voraussetzungen für die neugeborenen Lämmer bietet immer die rechtzeitige Unterbringung des hochtragenden Mutterschafes in einer Ablammbucht. Sind die Lämmer einige Tage alt und ist die Mutter-Kind-Bindung gefestigt, so können sie mit der Mutter zu den anderen Tieren zurückgebracht werden.

Gefahren für neugeborene Lämmer

Die Geburt und die ersten Lebenstage sind für die Lämmer eine gefährliche Zeit. Haben die Neugeborenen die Geburt gut überstanden, so besteht für die unbeholfenen Lämmer gerade in den ersten Lebensstunden die Gefahr durch Umweltbedingungen. Werden sie bei ungünstiger, naßkalter Witterung inmitten der Herde geboren, kann es vorkommen, daß die Mutter-Kind-Bindung (vor allem bei Mehrlingsgeburten) nicht rechtzeitig zustande kommt. Wenn dann das Neugeborene keine Kolostralmilch aufnimmt und umherirrt, kann es schließlich geschwächt erfrieren oder erdrückt werden. Auch bei Geburten im Stall oder behelfsmäßigen Ablammbuchten kommt es vor, daß Neugeborene umherirren. Dann besteht die Gefahr, daß sie zwischen Gerümpel eingeklemmt werden oder in Wasserbehältern umkommen. Auch Verletzungen durch andere Tiere, Schafe, Ziegenböcke, Hunde oder Pferde können bei ungünstigen Bedingungen zum Tod der Lämmer führen (→ Seite 52 bis 53).

Nun wäre aber der Eindruck falsch, daß diese Gefahren eine erfolgreiche Lämmeraufzucht fast unmöglich machen würden. Bei guten Haltungsbedingungen, besonders bei nur wenigen Schafen, treten im allgemeinen nur sehr selten entsprechende Fälle auf, die sich zudem durch Aufmerksamkeit und entsprechende Gegenmaßnahmen vermeiden lassen.

Saugende Lämmer wackeln heftig mit dem Schwanz. Dadurch wird die Mutter zur Geruchskontrolle der Analregion des Lammes angeregt.

Aufzucht der Lämmer

Aufzucht mit dem Mutterschaf
Wenn Sie wenige Schafe haben, können Sie die Lämmer in der Regel zusammen mit den Mutterschafen bis zur Schlachtreife auf der Weide halten. Das erfordert für Sie den geringsten Arbeitsaufwand. Einrichtungen wie der Lämmerschlupf auf der Weide und Kraftfutterzugaben in Verbindung mit Wurmkuren beschleunigen natürlich das Wachstum der Jungtiere. Die Lämmer, die nicht zur Zucht benötigt werden, sollten möglichst vor der Decksaison abgesetzt oder geschlachtet werden; spätestens aber vor dem Frühherbst, wenn das Weidefutter knapp wird. Andere spezielle Verfahren der Lämmermast, die teilweise schon nach dem Frühabsetzen von den Mutterschafen vorgenommen werden, sind nur in größeren Wirtschaftsbetrieben üblich.

Aufzucht mit dem Ammenschaf
Es kommt manchmal vor, daß mehr als zwei Lämmer geboren werden oder daß ein Mutterschaf während oder kurz nach der Geburt stirbt. Andererseits gibt es Mutterschafe, deren Lamm (beziehungsweise Lämmer) bei der Geburt oder in den ersten Tagen gestorben ist. Solche Schafe können als Amme für ein oder zwei mutterlose Lämmer verwendet werden.
Nun ist es bei den meisten Mutterschaften recht mühsam und erfordert einige Geduld, sie zur Adoption eines fremden Tieres zu bewegen. Am wenigsten Schwierigkeiten entstehen unmittelbar nach der Geburt. Wenn die Amme das fremde Lamm nicht gleich annimmt, kann es mit ihren Geburtsausscheidungen eingerieben werden oder man bindet dem Lamm das abgezogene Fell des toten Lammes um, damit es durch den vertrauten Geruch von der Amme angenommen wird. Meist ist es außerdem erforderlich, die Amme während der ersten Tage mehrmals festzuhalten, damit das Adoptivlamm saugen kann.

Aufzucht mit der Flasche
Steht keine Amme für ein überzähliges mutterloses Lamm zur Verfügung, kann es mit der Flasche aufgezogen werden. Wenn Sie genügend Zeit haben, kann eine solche Flaschenaufzucht viel Freude bereiten (→ Farbfoto Umschlagseite 4 oben rechts). Die Flaschenlämmer schließen sich eng an den

Menschen an und folgen ihm überall hin. Berechnen Sie aber den Arbeitsaufwand und die Futterkosten, so ist die künstliche Aufzucht eines Lammes in der Regel unwirtschaftlich. Aus diesem Grund geben viele Schäfer Drillingslämmer oder Lämmer von sehr jungen Schafen ab. Sie können die Lämmer oft von ihnen geschenkt haben. Wenn irgend möglich, sollte ein mit der Flasche aufgezogenes Lamm wenigstens einmal von der Kolostralmilch der Mutter getrunken haben. Als Aufzuchttränke kann Schafmilch, Milchaustauscher (im Futtermittelhandel erhältlich) oder Kuhmilch verwendet werden. Zusätzliche Vitamingaben sind oft vorteilhaft. Schon sehr früh können Sie den mutterlosen Lämmern handelsübliches pelletiertes Lämmeraufzuchtfutter anbieten und sie an die Aufnahme von gutem Heu gewöhnen. Wichtig für den Aufzuchterfolg ist Regelmäßigkeit und Sauberkeit sowie eine unverzügliche tierärztliche Behandlung bei den ersten Krankheitsanzeichen, beispielsweise bei Durchfall des Pflegelamms.

Als Tränkeflasche können Sie eine normale Babyflasche mit Gummisauger verwenden. Am besten eignen sich längliche Sauger. Das Loch im Sauger sollten Sie etwas vergrößern; es darf aber auch nicht zu groß sein, da sich das Lamm sonst verschluckt. In der ersten Zeit müssen Sie dem Lamm möglichst häufig, 5 bis 6mal am Tag, eine geringe Menge körperwarme Tränke geben. Später reichen 3 und dann 2 Tränkemahlzeiten mit größeren Portionen aus. Etwa im Alter von acht Wochen sollte das Lamm weitgehend auf selbständige Futteraufnahme in Form von Kraftfutter, Heu, Weidefutter oder Gras umgestellt sein. Die gemeinsame Aufzucht einer größeren Anzahl mutterloser Lämmer kann im Gegensatz zur künstlichen

Aufzucht eines Einzellammes durchaus wirtschaftlich sein. Die Tiere werden dann mit einer Lammbar aufgezogen; das ist ein Eimer mit mehreren Saugern, aus denen sie

Aufsicht

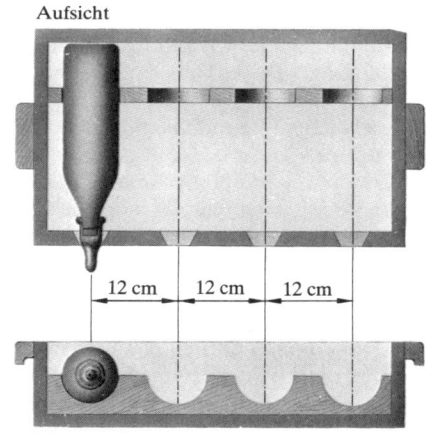

Längsschnitt

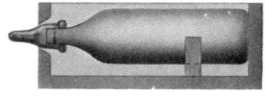

Querschnitt

Lämmertränke zum Selberbauen für 4 Flaschen (Aufsicht und Längsschnitt). Als Tränkeflaschen können normale Babyflaschen mit Gummisauger verwendet werden.

die handelsübliche Aufzuchttränke aufnehmen können. Schon ab einem Alter von drei Wochen kann das Lamm mit nur fester Nahrung auskommen. Dieses erste Futter muß natürlich schmackhaft, leicht verdaulich und ernährungsphysiologisch wertvoll sein.

Kastrieren, Kupieren des Schwanzes

Alle Bocklämmer, die nicht im Alter von 3 bis 5 Monaten von den übrigen Tieren getrennt werden (geschlachtet oder verkauft), sollten kastriert werden. Die nicht kastrierten Jungböcke bringen durch ihr ständiges Treiben Unruhe in die Herde, und es kommt außerdem zu unerwünschten nicht kontrollierbaren Deckakten.

Nach dem Tierschutzgesetz ist es erlaubt, nicht geschlechtsreife männliche Schafe ohne Betäubung zu kastrieren, sofern eine normale Anatomie vorliegt. Wenn eine Kastration vorgesehen ist, sollte sie möglichst früh vorgenommen werden. Junge Lämmer überstehen die Operation leichter als ältere, und es treten weniger Komplikationen auf.

Neben der blutigen Kastrationsmethode, bei der die Hoden nach Öffnen des Hodensacks entfernt werden, gibt es zwei unblutige Methoden. Dabei werden entweder die Samenstränge kurzfristig mit Zangen gequetscht oder der gesamte Hodensack wird durch dauerhaft aufgesetzte Gummiringe zum Absterben gebracht. Am wenigsten beeinträchtigend ist es für die Tiere nach meiner Erfahrung, wenn sie in den ersten Lebenswochen nach der blutigen Methode kastriert werden. Kastration bei mehrmonatigen Tieren halte ich für unnötig und aus Tierschutzerwägungen für nicht gerechtfertigt.

Bei Lämmern langschwänziger Rassen, die als Zuchtschafe verwendet werden sollen, wird häufig der Schwanz bis auf einen kurzen Stummel gekürzt. Auf diese Weise wird später eine Verschmutzung der Hinterschenkel durch Kot und Urin vermindert. Auch diese Operation kann blutig oder mit einem Gummiring durchgeführt werden und sollte, wenn vorgesehen, möglichst früh erfolgen.

Bei weiblichen Tieren sollte der Schwanz nur so weit gekürzt werden, daß die Scheidenöffnung noch bedeckt bleibt.

Da Schafe gegen eine Tetanusinfektion sehr anfällig sind, muß das Kupieren und die Kastration sauber und mit antibakteriellem Schutz (Puder, Spray) vorgenommen werden. Sind schon Tetanusfälle aufgetreten, muß der Tierarzt zusätzliche Maßnahmen, wie Antibiotika-Serumgaben oder aktive Impfung der Muttertiere, durchführen.

Wenn das Schaf krank wird

Allgemeines

Seit jeher waren es vor allem die Schäfer, die einen großen Teil ihres Lebens mit ihren Tieren verbringen, die die Erfahrung in der Behandlung von Erkrankungen der Schafe sammeln konnten. Im Volksglauben gilt der Schäfer als besonders naturverbunden und kundig in Naturheilverfahren. Auch das Recht, die eigenen Schafe selbst behandeln zu dürfen, hat eine lange Tradition. In vielen Fällen bewähren sich auch die auf Erfahrung und Überlieferung beruhenden Behandlungsweisen, während einige verbreitete Behandlungsmethoden nicht mit den Erkenntnissen und Möglichkeiten unserer Zeit zu vereinbaren sind. Zur Bekämpfung von Infektionskrankheiten und Parasiten gibt es heute gut wirksame moderne Arzneimittel. Sie sind verschreibungspflichtig und legal nur über den Tierarzt, der ihren Einsatz kontrolliert, zu erhalten.

Wenn Sie in der Schafhaltung noch unerfahren sind, sollten Sie bei auftauchenden Problemen fachkundigen Rat suchen. Treten Todesfälle bei Schafen oder Lämmern auf, so kann oft eine Sektion über die Todesursache des Tieres Aufschluß geben und eine richtige Behandlung und Vorbeuge bei den übrigen Tieren ermöglichen.

Vorsorge

Richtige Umweltbedingungen und eine sorgsame auf Kenntnis begründete Schafhaltung sind Voraussetzung für gesunde und kräftige Tiere.

Von großer Bedeutung ist es, zu verhindern, daß sich im Stall und besonders auf der Weide Krankheitserreger, vor allem Parasiten, einnisten. Sie können schnell überhand nehmen.

Wenn Sie Ihren Schafen eine wiederkäuergerechte, ausreichende und ausgewogene Fütterung geben, wenn Sie das Aussehen und Verhalten der Tiere sorgfältig beobachten, können Krankheiten kaum zu einem ernsten Problem werden.

Parasiten und schädliche Insekten

Außenparasiten (Ektoparasiten)
Die *Schaflausfliege* ist sehr weit verbreitet. Diese flügellosen, schwarzbraunen Parasiten ernähren sich durch Blutsaugen und beunruhigen die Schafe durch ihr Herumkrabbeln im Schutze des Wollvlieses. Die Lausfliegen gebären ihre Jungen im Puppenstadium. Die

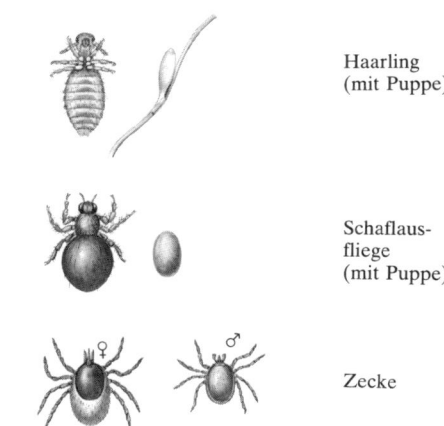

Haarling
(mit Puppe)

Schaflaus-
fliege
(mit Puppe)

Zecke

Außenparasiten des Schafes. Die häufig vorkommenden Haarlinge ernähren sich von Drüsenabsonderungen, Hautschuppen und Wollhaarteilen; die Schaflausfliege ist ein Blutsauger; die Zecke ist auch als Überträger von Krankheitserregern gefürchtet.

Schaflausfliegen können, da Schafe oft eng beieinander stehen, leicht ein anderes Tier durch Hinüberkriechen befallen.

Echte *Schafläuse* können ebenfalls als Blutsauger auf der Haut der Schafe parasitieren. Sie sind jedoch ebenso wie die häufig vorkommenden *Haarlinge* erheblich kleiner als die fälschlich als Schafläuse bezeichneten Lausfliegen. *Zecken* befallen die Schafe, um Blut zu saugen. Dabei können Krankheiten übertragen werden. Die häufigste Zeckenart in Deutschland ist der Gemeine Holzbock (Ixodes ricinus). Haben sich die Zecken vollgesogen, fallen sie vom Tier ab. Ihre Vermehrung findet am Erdboden statt.

Auch *Räudemilben* gehören zu den Parasiten, von denen Schafe befallen werden können. Am bedeutsamsten ist hier die *Psoroptesmilbe*, sie verursacht die Körperräude. Wegen ihrer großen Schadwirkung ist sie anzeigepflichtig und wird staatlich bekämpft. Sie kommt bei uns jedoch kaum noch vor. Parasiten, die sich ständig im Wollkleid der Schafe befinden, können Sie am besten nach einer Schur beseitigen. Gleichzeitig sollten Sie die ganze Herde einer wiederholten Badebehandlung mit Phosphorsäureestern (verschreibungspflichtig) unterziehen. Einzelne Tiere können Sie auch waschen.

Schadinsekten

In den Sommermonaten werden die Schafe – je nach Region – von verschiedenen Schadinsekten angeflogen:

Rachenbremsen – sie sind gefährlich, da sich ihre Larven im Nasen- Rachenraum entwickeln.

Kriebelmücken – kommen in bestimmten Flußregionen massenhaft vor und befallen zum Blutsaugen hauptsächlich die Ohren der Schafe.

Schmeißfliegen verschiedener Art – sie verursachen einen Fliegenmadenbefall, wenn sie ihre Eier an kotverschmierten Körperfalten und eitrigen Wunden oder Verletzungen ablegen. Gegen diese anfliegenden Insekten gibt es keine einfachen und dauerhaft wirksamen Gegenmaßnahmen. Gegen Fliegenmadenbefall ist eine Säuberung kotverklebter Hautpartien und eine Vermeidung oder richtige Versorgung von Hautwunden angebracht.

Bei Befall mit *Nasendassellarven* sind geeignete Therapiemaßnahmen in Zusammenarbeit mit einem Tierarzt notwendig.

Innenparasiten (Endoparasiten)

Im Vergleich zu den Außenparasiten kommt den im Magen-Darmtrakt, Leber und Lunge schmarotzenden verschiedenartigen Würmern eine ungleich größere Bedeutung zu. Allgemein verbreitet sind die *Magen-Darm-Wurmarten*, runde, fadenförmige Würmer, die ihre massenhaft produzierten Eier mit dem Schafkot nach außen befördern.

Mit dem Kot werden ebenso die Eier beziehungsweise die Larven der *Lungenwürmer*, der großen und kleinen *Leberegel*, der *Schafbandwürmer (Moniezia)* und die Vermehrungsstadien der *einzelligen Darmparasiten (Kokzidienoozysten)* ausgeschieden. Diese ausgeschiedenen Vermehrungsstadien (Eier) entwickeln sich in der »Außenwelt« (im Stall, besonders aber auf der Weide) weiter zu infektiösen Stadien (Larven) und werden dann vom Schaf mit den Futterpflanzen wieder aufgenommen. Für diesen Infektionskreislauf benötigen die Parasiten bestimmte Umweltbedingungen. Kleine Lungenwürmer, Leberegel und Schafbandwürmer müssen sogar Zwischenwirte (Schnecken, Moosmilben) befallen, um sich weiter entwickeln zu können. Man kann allgemein davon ausgehen, daß höhere Umgebungstemperaturen, genügende Feuchtigkeit des Bodens und hoher Tierbesatz die Vermehrung der Innenparasiten entscheidend begünstigen. Wird eine Weidefläche lange Zeit nicht mehr von Schafen betreten, so sterben viele der Parasitenstadien schließlich ab, und die Weide wird wieder zuträglich für Schafe.

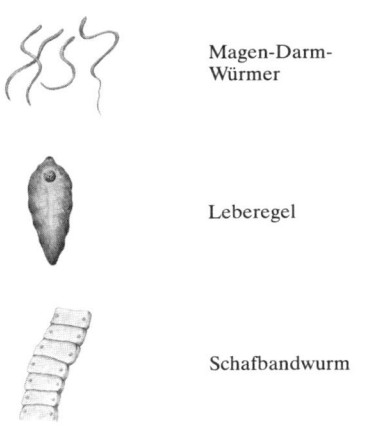

Magen-Darm-Würmer

Leberegel

Schafbandwurm

Innenparasiten des Schafes. Die Schäden, die sie verursachen, sind ungleich größer als die der Außenparasiten. Ihre massenhaft produzierten Eier werden mit dem Schafkot ausgeschieden, entwickeln sich in der Außenwelt weiter und werden dann vom Schaf mit den Futterpflanzen wieder aufgenommen.

Der Befall von Endoparasiten kann über eine mikroskopische Kotuntersuchung festgestellt werden. Viele Tierärzte oder Untersuchungsämter führen sie durch. Die Parasiten haben sich während langer Evolutionszeiten an ihre Wirtstiere (Schafe) angepaßt, als diese noch im Wildzustand in begrenzter Zahl weite Gebiete durchstreiften. So ist die ungeheuer große Produktion an Eiern zu erklären, die gewährleisten mußte, daß immer wieder einzelne Larven von durchziehenden Schafen aufgenommen wurden. Im Haustierstand, besonders bei großen Tierzahlen auf engem Raum, aber auch bei der Koppelschafhaltung, sind die Tiere gezwungen, ständig auf einem eng umgrenzten kotverunreinigten Flecken zu verweilen. Sie können der zunehmenden Parasitenbrut nicht ausweichen. Es kommt so zu unnatürlich starkem Befall einzelner Tiere, die dadurch beträchtlich geschwächt werden und sogar sterben können.

Wurmkuren

Heute gibt es gegen fast alle parasitären Würmer gut wirksame und verträgliche Medikamente, mit denen eine planmäßige Behandlung durchgeführt werden kann.

Aus den aufgezeichneten Gründen kann ein dauerhafter Erfolg jedoch nur erwartet werden, wenn zusätzlich eine ständige Neuinfektion der Tiere verhindert wird. So sollten Sie Wurmkuren möglichst mit einem Weidewechsel verbinden. Schafweiden sollten, wenn irgend durchführbar, im Wechsel zum Schnitt oder zur Silage- oder Heugewinnung benutzt werden. Auch eine wechselnde Nutzung durch andere Weidetierarten verringert die Infektionsgefahr, da die meisten Darmparasiten artspezifisch sind. Die Wurmkuren sollten Sie vor allem im Frühjahr, vor oder kurz nach dem Lammen und vor dem Austrieb auf die frische Frühjahrsweide durchführen. Bei festgestelltem Befall sollten Sie die Schafe erneut im Sommer vor einem Weidewechsel und schließlich vor der spätherbstlichen Aufstallung entwurmen.

Wenn das Schaf krank wird

Krankheiten der Klauen

Die *Moderhinke* ist eine durch Nekrosebakterien verursachte weitverbreitete Schafkrankheit. Im Verlauf dieser chronischen Erkrankung wird das Horn befallener Klauen zerstört. Auch die Lederhaut und tiefere

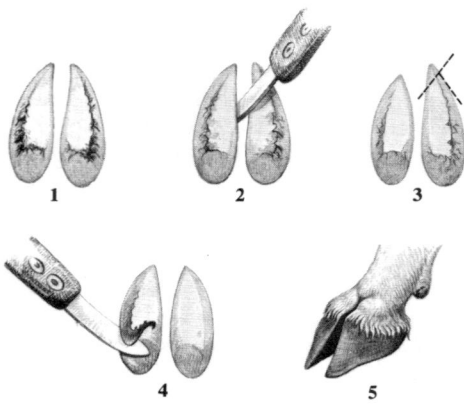

Die Klauen der Schafe müssen mindestens zweimal im Jahr geschnitten und auf Unregelmäßigkeiten oder Veränderungen untersucht werden: 1 Hufe mit eingerolltem Tragrand; 2 Herauskratzen des angesammelten Schmutzes; 3 Kürzen der Spitze; 4 Beschneiden des Tragrandes; 5 Laufkante nach der Korrektur.

Schichten werden befallen. Infolge der Schmerzen gehen die Tiere hochgradig lahm, in Extremfällen rutschen sie auf den Karpalgelenken vorwärts. Infizierte Klauen stellen eine Ansteckungsquelle für andere Tiere dar, die auf demselben Untergrund laufen; feuchtwarmes Wetter, Schlamm und Mist begünstigen eine Neuinfektion.
Behandlung und Vorbeuge: Erkrankte Klauen müssen gründlich ausgeschnitten und von allen erkrankten Teilen befreit werden, Blutungen sind dabei unvermeidlich. Anschließend müssen Sie geeignete Medikamente (beispielsweise Chloramphenicol-Spray) aufbringen und die kranken Schafe auf trockenem, sauberem Untergrund halten. Erkrankte Tiere sollten Sie unbedingt von gesunden getrennt halten und abgeschnittenes Klauenhorn sorgfältig vernichten (verbrennen), um der Ansteckungsgefahr vorzubeugen.
Vorbeugemaßnahmen sind regelmäßige gründliche Klauenpflege, trockene und saubere Unterbringung und eventuell Desinfektionsdurchlaufbäder. *Schäden an den Klauen* treten außerdem auf bei mangelnder Pflege (zu langes Hornwachstum) oder durch eine hohle Wand (zwischen Klauenhornwand und Lederhaut tut sich ein schmutzgefüllter Zwischenraum auf). Mitunter verursacht auch ein eingetretener Fremdkörper Lahmheit (Nagel, Splitter, Schlehendorn). In allen Fällen kann nur durch sachgerechtes Ausschneiden und Entfernen des Entzündungsherdes Abhilfe geschaffen werden.

Erkrankungen der Verdauungsorgane

Als Wiederkäuer ist das Schaf gegenüber Fütterungsfehlern sehr empfindlich. Besonders der Pansen als der größte und wichtigste Vormagen braucht ein gleichbleibendes Milieu mit einem pH-Wert zwischen 6,2 und 7,0, damit mit Hilfe symbiotischer Bakterien und Protozoen (Einzeller) die Verdauung der Pflanzencellulose ablaufen kann. Das dabei entstehende Gas muß aus dem durchmischten Futterbrei in eine obere Gasblase aufsteigen, die dann jeweils durch Rülpsen vermindert wird (→ Seite 8).
Aufblähen (Tympanie): Das schnelle trom-

melartige Aufblähen des Pansens tritt besonders während der Sommermonate infolge kleinschaumiger Gärung des Panseninhaltes ein. Das Krankheitsbild zeigt sich nach hastiger und übermäßiger Aufnahme jungen, saftigen Grünfutters (besonders Klee und andere Leguminosen) und kann sehr rasch zum Tode des Schafes führen. Aufgeblähte Schafe müssen unverzüglich durch Eingeben schaumzerstörender Silikonpräparate (vom Tierarzt erhältlich) behandelt werden; bereits festliegende Schafe, das heißt Schafe, die nicht mehr stehen können, sind sofort zu schlachten. Trokarieren (Pansenstich) ist nicht zu empfehlen, da der Erfolg meist ausbleibt und es zu einer Bauchfellentzündung kommen kann.

Zur Vorbeuge müssen die Schafe vor der Aufnahme gefährlichen jungen Grünfutters ausreichend mit grobem, älterem Futter oder Heu gefüttert und mit genügend Trinkwasser versorgt werden.

Pansenazidose: Durch eine übermäßige Aufnahme kohlenhydratreicher Futtermittel, besonders, wenn keine allmähliche Gewöhnung stattfinden konnte, sinkt der pH-Wert im Pansen stark ab: Es kommt zu einer Übersäuerung (Azidose). Meist etwa 3 bis 6 Stunden nach der Aufnahme der Futtermittel (Getreide, Zuckerrüben, Schnitzel, Kartoffeln, Brot) entwickelt sich ein schweres Krankheitsbild mit Pansenstillstand, hochfrequenter Atmung, Apathie und manchmal mäßigem Aufblähen, in dessen Folge die Tiere sterben können. Erkrankte Tiere müssen unverzüglich genügend frisches Trinkwasser angeboten bekommen und tierärztlich behandelt werden. Zur Vorbeugung müssen Sie die Schafe allmählich an die Aufnahme einer kohlenhydratreichen Futterration gewöhnen. Übermäßiges Füttern

von Brot, Zuckerrüben oder ähnlichem sollten Sie vermeiden.

Pansenfäulnis (Pansenalkalose): Die Pansenalkalose wird durch eine übersteigerte Ammoniak-(NH_3-)Bildung im Pansen hervorgerufen, wobei der pH-Wert auf etwa 8 ansteigt. Es kommt zu einer Vergiftung des Tieres. Die Folgen sind Apathie, Pansenstillstand, Durchfall und Leberschäden.

Pansenalkalose kann durch Aufnahme größerer Mengen verschmutzten oder verdorbenen Futters entstehen (beispielsweise fauliges, mit Erde verschmutztes Rübenblatt, fehlerhafte Silage). Dabei gewinnen schädliche Fremdbakterien (Proteus, Coli) im Pansen die Überhand. Auch nach übermäßiger Aufnahme von Eiweißkonzentraten (beispielsweise Sojaschrot) kann es zu starker NH_3-Entwicklung kommen. Erkrankte Tiere müssen unverzüglich mit einwandfreiem Heu, gutem Kohlehydratfutter und sauberem Trinkwasser versorgt werden. Das schädliche Futter ist sofort zu entfernen.

Darmentzündung: Der Durchfall ist das häufigste Anzeichen für eine Darmentzündung, weiterhin der Drang, Kot abzusetzen sowie Abmagerung und Allgemeinstörungen. Häufig werden Lämmer verschiedener Altersstufen von Durchfall befallen und erweisen sich als sehr hinfällig. Während bei rasch verlaufenden Erkrankungen meist Bakterien, Viren oder Kokzidien neben Fütterungsfehlern als Ursache auftreten, sind für langanhaltende Störungen vielfach Wurmparasiten verantwortlich. Bakteriell bedingter Durchfall tritt besonders häufig bei jungen Lämmern in Erscheinung. Neben Colibakterien sind dabei Clostridien (anaerobe Stäbchenbakterien) von besonderer Bedeutung, da sie den Tod der Lämmer oder Jungschafe herbeiführen können. Durchfallerkrankungen der Lämmer müssen rasch behandelt werden; bei künstlicher Aufzucht sofortiges Absetzen der normalen Tränke und statt dessen sauberes Wasser, Tee, Elektrolyte geben. Neben einer Antibiotikatherapie ist es sehr wichtig, die Austrocknung des Körpers durch Elektrolyt- und Wasserausgleich zu verhindern.

Eine wichtige Maßnahme zur Therapie ist es, erkrankte Tiere in einem sauberen, trokkenen Stall unterzubringen und mit gutem Heu und frischem Trinkwasser zu versorgen. Treten immer wieder Clostridienerkrankungen (Lämmerdysenterie, Enterotoxämie) auf, kann durch Impfen der Mutterschafe ein Immunschutz aufgebaut werden. Kotuntersuchungen können Aufschluß über einen Befall mit Kokzidien oder Würmern geben. Eine besondere, chronische und unheilbare Durchfallerkrankung, die meist ältere Schafe befällt, ist die Paratuberkulose. Sie erfordert besondere Bekämpfungsmaßnahmen.

Infektionskrankheiten

Lippengrind ist eine virusbedingte Erkrankung vor allem der Lämmer, die mit Schorfbildung im Maulbereich einhergeht. Die Krankheit kann unterschiedlich schwer verlaufen; durch örtliche, antibakterielle und allgemein unterstützende Behandlung ist sie günstig zu beeinflussen.

Maul- und Klauenseuche ist eine Virusinfektion. Sie verläuft bei den weniger empfänglichen Schafen milder als bei Rindern. Als häufigste Anzeichen treten Bläschen im Klauenbereich auf, die Lahmheit bewirken. Die Krankheit heilt nach einigen Tagen aus. Die Seuche ist anzeigepflichtig und wird seit langem durch staatliche Maßnahmen, wie

jährliche Schutzimpfung aller Rinder, bekämpft. Seuchenausbrüche kommen in unserem Lande kaum noch vor.

Zu den unheilbaren Viruserkrankungen gehören: Leukose, Tollwut, Bornasche Krankheit, Traberkrankheit, Visna, Lungenadenomatose und Maedi.

Leukose kann vielfältige Erscheinungen verursachen. Ihr typischer Verlauf ist chronisch. Obwohl das Virus bei Schafen recht häufig vorkommt, tritt eine erkennbare Erkrankung mit Anämie, Ödemen und Lymphknotenschwellung nur äußerst selten auf.

Tollwut ist eine Erkrankung des Zentralnervensystems und wird durch Biß eines kranken Tieres (meist Fuchses) auf Schafe übertragen. Die Inkubationszeit kann mehrere Wochen betragen. Erkrankte Schafe zeigen oft einen übersteigerten Sexualtrieb (Aufspringen), Zwangsbewegungen, Speichelfluß und schließlich apathisches Verhalten. Eine Übertragung der Krankheit von Schaf zu Schaf kommt fast nie vor.

Bornasche Krankheit, Traberkrankheit und *Visna* sind ebenfalls Erkrankungen des Zentralnervensystems mit zum Teil mehrmonatiger bis jahrelanger Inkubationszeit. Sie treten meist nur in bestimmten Regionen auf. Als Symptome zeigen sich verschiedene Verhaltensänderungen, Benommenheit, Zwangsbewegungen, Dreh- oder Trabbewegungen.

Häufig befällt die *Listeriose* (verursacht durch Bakterien) das Gehirn und führt dann ebenfalls zu ähnlichen Erscheinungen mit abartigem Verhalten und Benommenheit.

Lungenadenomatose, Maedi sind chronisch verlaufende Lungenerkrankungen, die sich meist bei älteren und alten Schafen in schleichendem Siechtum, Kurzatmigkeit, Erschöpfung und Abmagerung zeigen.

Wenn das Schaf krank wird

Durch staatliche Bekämpfungsmaßnahmen und unverzügliche Ausmerzung erkennbar kranker Tiere wird versucht, diese Krankheiten einzudämmen. Behandlungsversuche an erkrankten Tieren sind zwecklos und sollten daher unterbleiben.

Wundstarrkrampf wird durch die von Tetanusclostridien (Bakterien) in Wunden gebildeten Toxine (Gifte) ausgelöst und äußert sich in schmerzhaften Verkrampfungen der Skelettmuskulatur (verkrampftes Gesicht, Sägebockstellung). Schafe, bei denen Tetanus auftritt, sind in der Regel nicht zu retten. Vorbeugende Impfungen sollten bei gehäuftem Auftreten durchgeführt werden. Sorgfältiges antiseptisches Vorgehen bei Geburten (Nabeldesinfektion), bei Kastration und beim Kupieren vermindert das Infektionsrisiko.

An *Weißmuskelkrankheit* erkrankte Lämmer sind matt, liegen viel und sterben meist sehr schnell. Ausreichende Vitamin E-Selen-Versorgung der Mutterschafe und der Lämmer verhindert diese Erkrankung. Sehr selten kann (meist bei Mastlämmern) eine mit Vitamin-B-Mangel in Beziehung stehende *Hirnerkrankung* auftreten, bei der die betroffenen Tiere oft ein eigenartiges »Sterngucker Verhalten« zeigen.

Komplikationen nach der Geburt

Die Zeit um die Geburt erfordert vom Muttertier erhöhte Stoffwechsel- und Anpassungsleistungen, die eine größere Anfälligkeit für Gesundheitsstörungen zur Folge haben. Bei gesunden kräftigen Muttertieren verläuft die Geburt rasch und komplikationslos. Die Nachgeburt löst sich kurze Zeit später und das Tier ist lebhaft, wendet sich dem Lamm zu und nimmt bald wieder Futter und Trinkwasser auf. Apathisches Verhalten des Muttertieres, Futterverweigerung oder gar Festliegen (Unvermögen, aufzustehen), sind immer ein Zeichen für krankhafte Vorgänge und bedürfen der angemessenen – meist tierärztlichen – Behandlung.

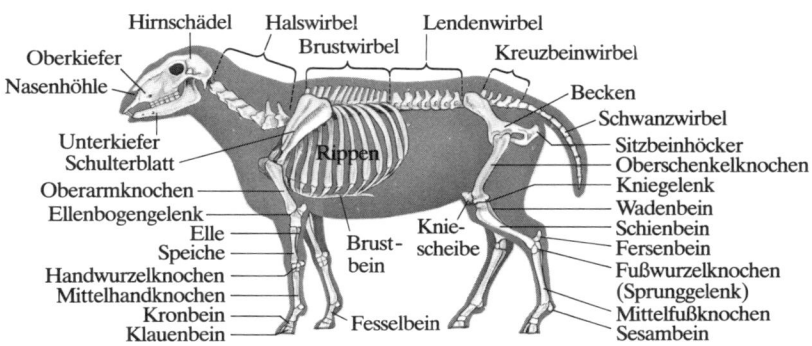

Was ist wo an einem Schaf? Die Kenntnis des Schaf-Skeletts ist vor allem für das Gespräch mit dem Tierarzt wichtig.

51

Wenn das Schaf krank wird

Als Störung im Anschluß an die Geburt kann es zu einer Nachgeburtsverhaltung kommen. Die Nachgeburt ist ein in der Gebärmutter gebildeter blutgefäßreicher Gewebesack, der innig mit den mütterlichen Blutgefäßen der Gebärmutterwand verbunden ist. Beim Nachgeburtsverhalten löst sich die Nachgeburt nicht oder nur unvollständig. Entweder sie verbleibt vollständig in der Gebärmutter oder nur ein Teil hängt aus der Scheidenöffnung heraus. Obwohl Schafe relativ unempfindlich gegen diese Komplikation sind, ist eine tierärztliche Behandlung und medikamentelle Versorgung angebracht. Mitunter kommt es zu einem vollständigen Vorfall der Gebärmutter, die dann als etwa kohlkopfgroßes, blutigrotes Gebilde heraushängt. Dieser Vorfall muß möglichst rasch behoben und ein Scheidenverschluß angebracht werden.

In der ersten Zeit nach der Geburt können durch Geburtsverletzungen oder Nachgeburtsverhalten Infektionen der Gebärmutter auftreten. Infolge allgemeiner Körperschwäche kann es sogar zu Allgemeininfektionen kommen. Euterentzündungen treten gerade bei hoher Milchleistung nach der Geburt häufiger auf.

Eine Euterentzündung erkennen Sie am mangelnden Milchfluß und am Anschwellen des betroffenen Euterteils. Die Schwellung ist hart und heiß. Wegen der Schmerzen zeigen die Tiere oft ein Nachziehen des Hinterbeins. Sämtliche Infektionen müssen möglichst rasch mit geeigneten Medikamenten behandelt werden, um Schlimmeres zu verhüten. Außer Infektionen können Störungen des *Mineralstoffwechsels (Hypocalcämie)* oder des *Energiestoffwechsels (Acetonämie, Trächtigkeitstoxicose)* in der Zeit um die Geburt ein Krankheitsbild beim Mutterschaf verursachen.

Ein Schafhalter, der nur wenige Tiere besitzt und noch unerfahren ist, sollte rechtzeitig sachkundige Hilfe in Anspruch nehmen, wenn er einmal bei einem seiner Tiere Krankheitsanzeichen bemerkt. Hausmittel, wie Einreiben des Euters mit Schweineschmalz oder Einschütten von Bohnenkaffee bei Allgemeinstörungen können zwar in Einzelfällen günstig wirken, bei den meisten schwerwiegenden Infektionen und Stoffwechselstörungen helfen sie nicht, sondern schaden eher, weil sie eine angemessene Behandlung hinauszögern.

Krankheiten neugeborener Lämmer

Knochenbrüche der Beine kommen bei neugeborenen Lämmern recht häufig vor. Verursacht werden sie meist, wenn Lämmer irgendwo hängen bleiben oder von erwachsenen Tieren niedergetrampelt werden. Beinbrüche, gerade junger Lämmer, müssen sachgerecht mit einem gepolsterten festen Stützverband behandelt werden und heilen dann fast immer ohne Komplikationen aus. Wenn Sie selbst noch keine Erfahrung haben, sollten Sie den Verband von einem Tierarzt anlegen lassen.

Die *Infektionsgefahr* ist ebenfalls für die Lämmer in den ersten Tagen groß. Über die Nabelschnur oder über die Mundöffnung können Krankheitserreger eindringen, die *Durchfallerkrankungen, Blutvergiftung* oder *Wundstarrkrampf* (→ Seite 49 bis 51) verursachen. Der sogenannten *Weißmuskelkrankheit* fallen die Lämmer bei einem Vitamin-E-und-Selenmangel zum Opfer (→ Seite 51). Einige Tage nach der Geburt können *Coli- und Clostridien-Infektionen* und *Kokzidien* das Leben der Lämmer bedrohen.

Wenn Sie erst wenig Erfahrung in der Schafhaltung und in der Lämmeraufzucht haben, sollten Sie daher immer bei den ersten Krankheitsanzeichen den Tierarzt zu Rate ziehen.

So gibt man dem Schaf ein flüssiges Medikament ein: Der Kopf wird durch Umfassen des Unterkiefers festgehalten und leicht angehoben, der möglichst lange Flaschenhals seitlich in die Mundhöhle eingeschoben.

Die wichtigsten Erkrankungen älterer Lämmer

Die größten Verluste bei älteren Lämmern und jungen Schafen werden durch verschiedene *Clostridienarten (anaerobe Stäbchenbakterien)* verursacht. Über eine plötzliche starke Vermehrung dieser Bakterien im Darm der Tiere und eine Überschwemmung des Körpers mit gebildeten Giftstoffen kommt es oft zu plötzlichen Todesfällen gerade gut genährter Tiere, ohne daß zuvor Krankheitsanzeichen wie etwa Durchfall beobachtet wurden.

Eine dieser Erkrankungen wird auch als *Breinierenkrankheit* bezeichnet, da die Nieren der toten Tiere bei der Sektion eine mürbe breiige Beschaffenheit aufweisen.

Anscheinend werden solche Krankheitsfälle durch übermäßige Aufnahme hochwertiger Futtermittel (Kraftfutter, Brot) begünstigt. Treten in einem Bestand gehäuft derartige Todesfälle auf, sollten Sie eine Vakzination (Impfung) der Muttertiere in Betracht ziehen.

Die *Kokzidiose* kann vor allem bei hohem Tierbesatz auf feuchtem Untergrund zu einem ernsten Problem werden. Die betroffenen Tiere zeigen Durchfall, werden immer hinfälliger und für bakterielle Infektionen anfälliger. Kokzidienoozysten können mikroskopisch im Kot nachgewiesen werden. Die Krankheit wird durch Kokzidiostatika behandelt. Eine ständige Neuinfektion wird vor allem durch trockene Haltung, Kotbeseitigung, einwandfreie Raufenfütterung und frisches Trinkwasserangebot verhindert.

Vergiftungen

Wenn wir von den beschriebenen Fütterungsfehlern, die über eine Pansenstörung zur Erkrankung führen, einmal absehen, sind Vergiftungen recht selten.

Pflanzenvergiftung: Giftpflanzen werden von den Tieren unter natürlichen Bedingungen kaum in gefährlichen Mengen aufgenommen. Jeder Schafhalter sollte aber wissen, daß gerade unter den Gartenpflanzen, Heckensträuchern und Büschen eine große Zahl von Giftpflanzen vertreten ist. Lebensbaum, Eibe, Buchsbaum, Seidelbast, Goldregen und Rhododendron sind für Schafe schädlich. Sie sollten darauf achten, daß solche Pflanzen nicht von den Tieren abgefressen werden können, und Sie dürfen deren Schnittabfälle nicht verfüttern.

Vergiftung durch Kupfer: Schafe sind beson-

Menschen, die von der Schafhaltung leben.
Oben links: Portugiesischer Schäfer beim Melken;
oben rechts und unten: Anatolische Bäuerinnen bei der
Wollverarbeitung.
Zum Bild auf Seite 56: Schafschur.

ders empfindlich gegen eine erhöhte Kupferaufnahme. Schon im Mineralfutter für Rinder kann der Kupfergehalt zu hoch sein. Besonders gefährlich ist handelsübliches Schweinefutter. Diesem Futter ist oft so viel Kupfer beigemischt, daß es sogar schon zur Vergiftung bei Schafen gekommen ist, die auf mit Schweinegülle gedüngten Weiden grasten.

Kochsalzvergiftung: Wenn Schafen plötzlich Kochsalz zur beliebigen Aufnahme gereicht wird, nachdem sie zuvor längere Zeit kein Salz aufnehmen konnten, kann es zu hastiger Aufnahme großer Salzmengen kommen. Mangelt es den Tieren gleichzeitig an Trinkwasser, so sind tödliche Vergiftungen möglich. Der tägliche Bedarf an Kochsalz (NaCl) liegt bei etwa 5 g, die tödliche Menge bei etwa 200 g.

Vergiftungen durch Spritzmittel und Kunstdünger: Sogenannte Gelbspritzmittel werden als Herbizide in der Landwirtschaft in großen Mengen eingesetzt. Häufig werden, vor allem bei entsprechendem Wind, Wegränder und an Ackerflächen grenzende Weiden mitgesprüht. Besonders im Frühjahr, zur Zeit des größten Chemieeinsatzes in der Landwirtschaft, sollten Sie Ihren Schafen kein frisch behandeltes Futter anbieten.

Mit Kunstdünger bestreute Weideflächen dürfen erst wieder von Schafen beweidet werden, wenn der Dünger mit dem Regenwasser vollständig in den Boden eingedrungen ist.

Futtermittelvergiftungen: Wenn Sie Kraftfutter oder Heu, das von bestimmten Schimmelpilzen befallen ist, an Ihre Schafe verfüttern, kann es zu Vergiftungen kommen. Erkennbar verschimmeltes Futter dürfen Sie Ihren Tieren daher nicht mehr vorlegen. Schafe, die eingegangen sind, müssen laut Gesetz an eine Tierkörperbeseitigungsanstalt abgegeben werden. Sie ist verpflichtet, die Tierleichen kostenlos abzuholen.

Die Hausapotheke für Schafe

Jeder Schafhalter sollte sich eine kleine Hausapotheke für seine Tiere anlegen. Zur Grundeinrichtung gehören:

● Hilfsmittel wie Schere, Thermometer und eine Spritze (zum Eingeben von Wurmmitteln durch das Maul).

● Ein Desinfektionsmittel, beziehungsweise Antibiotikaspray (zum Versorgen kleiner Wunden und des Nabels der Neugeborenen, und zur Behandlung beginnender Klauenkrankheiten).

● Ein Antiblähmittel, das den Tieren bei drohendem Aufblähen unverzüglich eingegeben werden kann.

Die Produkte des Schafes

Wolle

Wolle ist eine der ältesten Textilfasern und der Wollverbrauch nimmt noch immer ständig zu. Das Land, in dem es die meisten Schafe gibt und die meiste Wolle erzeugt wird, ist Australien. Auch in Neuseeland und der Sowjetunion wird sehr viel Wolle produziert. Im Vergleich dazu ist der Anteil der in der Bundesrepublik produzierten Wolle verschwindend klein.

Verschiedene Wollarten

Die edelste Wolle, die Merinowolle kommt vorwiegend aus der Südafrikanischen Union und Australien. Die Merinos haben etwa 10 cm lange, feine, gut gekräuselte Wollhaare, die sich ausgezeichnet verarbeiten lassen.

Grobwolle wird unter anderem von der Heidschnucke oder vom Zackelschaf gewonnen. Auch viele englische und schottische Schafe liefern Grobwolle. Diese Schafe haben längere Haare, etwa 12 bis 30 cm lang. Sie sind derb, kräftig und weniger gekräuselt als das Merinoschafhaar. Daher ist diese Wolle weniger weich, dafür aber strapazierfähiger als die Wolle der Merinoschafe.

Es gibt dann noch Kreuzungswollen, sogenannte »cross bred«, sie stammen von Schafen, die eine Kreuzung zwischen englischen Schafrassen und Merinoschafen sind. Besonders geeignet sind sie für kräftige Wollgewebe. Es gibt bei den Kreuzzuchtwollen feinere und gröbere Sorten.

Eigenschaften des Haares und der Wolle

Das Schafhaar wächst nicht einzeln hoch, sondern »klammert« sich an seine Nachbarhaare; ein solcher Haarbüschel heißt Stapel. Das ganze zusammenhängende Wollkleid des Schafes wird als Vlies bezeichnet. Ein Schaf liefert pro Jahr etwa 2 kg reine, gewaschene Wolle. Die beste Wolle trägt das Schaf bis zum siebenten Lebensjahr, dann verliert sie an Glanz und wird stumpf. Zum Schutz gegen Kälte und Nässe ist das Schafhaar gut eingefettet, außerdem hält das Fett das Vlies zusammen und bildet so eine wasserabweisende warme Decke.

Das geschorene Vlies können Sie an die Deutsche Wollverwertung Neu-Ulm verkaufen, es wird als Schmutz- oder Schweißwolle industriell weiterverarbeitet. Aus dem Wollfett wird das Lanolin gewonnen. Wenn Sie nur wenige Schafe halten, ist es am besten, das Wollvlies selbst zu verarbeiten. Es gibt viele verschiedene Möglichkeiten der Verarbeitung und Sie selbst können so in den Genuß der guten Eigenschaften der Schafwolle gelangen.

Das Schafhaar ist locker, jedes einzelne besteht aus mehreren Schichten, zwischen denen Luft eingeschlossen ist. Dadurch erklärt sich die gute isolierende Wirkung der Wollgewebe.

Wolle besteht aus Eiweiß, das dem Eiweiß der menschlichen Haut ähnlich ist und gleichartige Substanzen in unserem Körper und unserer Kleidung vertragen sich gut. Wolle ist elastisch und weich. Dehnt man Wolle, so kehrt sie nach einer Erholzeit wieder in die Ausgangsform zurück. Die Kräuselung des Wollhaares ermöglicht diese gute Dehnbarkeit, Wärmeisolierung und Feuchtigkeitsaufnahme. Wolle kann rasch bis zu 35% ihres Gewichtes an Feuchtigkeit aufnehmen, ohne sich naß anzufühlen. Dies gilt für Nässe von außen wie auch für Schweiß. Aus diesem Grund schützt ein Wollpullover vor Erkältungskrankheiten und ist besonders bei Fischern (Islandpullover) sehr beliebt.

Die Produkte des Schafes

Durch Einwirkung von Wärme, Reibung und schwachen Laugen kann eine Verfilzung der Wolle erreicht und es können Tuche, Teppiche und Decken hergestellt werden. Sie sind fest, dicht, wärme- und wasserundurchlässig. Die Tuche eignen sich für Oberbekleidung wie Mäntel, Jacken oder auch Schlafdecken. Bei Strickwaren (gewirkte Wolle) ist die Filzeigenschaft unerwünscht, weil dadurch die gute Eigenschaft der Elastizität und Anschmiegsamkeit der Strickwaren verloren geht. Deshalb dürfen Sie Wollwaren beim Waschen nicht reiben, wringen oder etwa mit der Waschmaschine schleudern. Auch sollten Sie zum Waschen keine Laugen verwenden und es sind nur niedrige Temperaturen beim Waschen und Trocknen erlaubt. Trocknen in der Sonne oder am Ofen begünstigt das Verfilzen.

Gute Wollsorten haben einen weichen Glanz, am schönsten ist die bereits besprochene Merinowolle. Sie können Wolle auch formen. Mit Wärme und Feuchtigkeit lassen sich Bügelfalten oder sogar Plissee bilden. Wie Sie wissen, sind synthetische Gewebe elektrostatisch aufladbar, verursachen Knistern und im Dunkeln kann man sogar Funken sehen. Durch die elektrostatische Aufladung können Kopfschmerzen und Ermüdungserscheinungen hervorgerufen werden, die bei Wollkleidung nicht auftreten, denn sie ist gleichbleibend in der elektrischen Aufladung.

Rohstoff Schafwolle

Vor dem Scheren: Die Schafe müssen sauber gehalten werden, damit das Wollvlies nicht verunreinigt wird. Werden die Schafe nur einmal im Jahr geschoren, ist das Wollhaar länger und läßt sich besser verarbeiten. Die Wolle sollte in einem Vlies vom Schaf geschoren werden (→ Farbfoto Seite 56).

Sortieren: Gleich nach dem Scheren wird die Wolle sortiert. Es gibt an einem Schaf unterschiedliche Wollqualitäten. Nr. 1 bezeichnet die beste, Nr. 6 die schlechteste Qualität des Vlieses. Die Qualität ist bei jedem Tier unterschiedlich, sie ist abhängig vom Alter und Geschlecht des Tieres sowie von Fütterung, Haltung und der Rasse des Schafes. Die Wolle Nr. 1 bis 4 eignet sich zum Stricken, Filzen und Weben sowie zur Matratzenfüllung speziell für empfindliche Menschen, Nr. 5 bis 6 zur Kissen- und Matratzenfüllung.

Das Vlies des Schafes weist unterschiedliche Wollqualitäten auf: 1 bezeichnet die beste, 6 die schlechteste Qualität.

Waschen: Wenn Sie Ihre Schafe sorgfältig gepflegt haben, genügt eine mehrmalige, vorsichtige Wäsche der Wolle im warmen Regenwasser. Normalerweise ist die Wolle geringfügig verschmutzt und Sie brauchen sie nur vorsichtig in einem milden Spezialwaschmittel zu waschen und gut in klarem Wasser zu spülen.

Wie Sie die Wolle beim Waschen schön erhalten und Verfilzen vermeiden:
- Waschmitteldosierung einhalten.

Die Produkte des Schafes

- Die Wolle nur drücken, nicht wringen oder reiben.
- Die Temperatur gleichbleibend auf ca. 37° C beim Waschen und Spülen halten.
- Die Wolle nicht in der Waschmaschine waschen.

Wenn Sie die Wolle in grobmaschige Säckchen (Zwiebelsack) füllen, können Sie die Wolle gut in kleinen Partien waschen und spülen. Zum Trocknen legen Sie die Wolle auf einen Rost, Drahtgitter oder ähnliches. Am besten in den Schatten, denn direkte Sonneneinstrahlung kann der Wolle schaden, das gilt auch für Ofenhitze.

Aufbewahren: Wolle kann viel Feuchtigkeit aufnehmen. Deshalb erfolgt die Lagerung am besten auf einem luftigen, trocknen Dachboden in Jutesäcken. Die Wolle ist ungewaschen einigermaßen vor Mottenfraß geschützt, da die Motten keinen Wollschweiß mögen. Bewahren Sie gewaschene Wolle in Papier- oder dichten Nesselsäcken auf. Vorsicht jetzt vor Motten!

Bearbeiten der Wolle

Kardieren: Zum Kardieren – es wird auch Kämmen oder Datschen genannt – sollten Sie nur gereinigte Wolle verwenden. Dabei müssen Sie die in unterschiedlicher Richtung liegenden Wollhaare in eine Richtung bringen, damit sich die Wolle besser verarbeiten läßt. Dazu verwenden Sie eine Karde (Datsche). Die Handhabung der Karde ist schnell gelernt. Karden gibt es in verschiedenen Größen und Ausführungen. Handkarden eignen sich allerdings nur für kleinere Mengen Wolle. Größere Karden sind teuer und lohnen die Anschaffung nur, wenn Sie eine große Wollmenge verarbeiten möchten. Fast in jeder Wollspinnerei wird gegen Bezahlung kardiert. Sie sollten daher zunächst einen Preisvergleich ziehen zwischen der Anschaffung einer Karde und dem Arbeitslohn.

Spinnen: Zum Spinnen eignet sich am besten gekämmte Wolle. Sie können mit einer Spindel oder einem Spinnrad spinnen. Die Spindel ist preiswerter, größere Mengen Wolle können Sie aber besser mit einem Spinnrad verspinnen. Das Spinnen erlernen Sie durch Übung, am besten schauen Sie einer erfahrenen Spinnerin zu. Es gibt auch Kurse in Volkshochschulen und sogar Ferien-Hobbykurse, wo Sie das Spinnen erlernen können. Das heute bekannte Tretspinnrad ist zum Spinnen zu Hause sehr gut geeignet.

Zwirnen und Drillen der Wolle: Der mit dem Spinnrad oder der Spindel hergestellte einfache Faden kann, wenn er stark gedreht wurde, eine verzerrte Handarbeit hervorbringen. Auch reißt der einfache Faden sehr schnell. Drehen Sie aber zwei Fäden zusammen in Rückwärtsrichtung mit dem Rad (zwirnen), so entspannt sich der Faden und wird reißfest. Nehmen Sie drei Fäden, so heißt es drillen. Sie können dabei auch unterschiedliche Farben verwenden und dadurch verschiedene Farbmuster erzielen. Die Wolle eines weißen und eines schwarzen Schafes zu einem Faden verarbeitet, wird »Pfeffer und Salz« genannt.

Von der Spindel wird die Wolle auf Stränge gewickelt, gewaschen und auf einer Stange hängend im Schatten getrocknet; nun verändert sie nicht mehr ihre Form und kann verarbeitet werden.

Verwendungsmöglichkeiten der Wolle

Stricken und Häkeln: Das Verarbeiten des Wollgarns durch Stricken und Häkeln ist wieder »in« und als Freizeitentspannung verbreitet und beliebt. Bei einem handgesponnenen Wollgarn sollten Sie anspruchsvoll sein und alte, oder noch besser selbst erfundene Muster verwenden.

Ungesponnene Wolle läßt sich gut zum Stricken und Häkeln verwenden, wenn Sie einen dünnen Wollfaden mitlaufen lassen. Sie nehmen ein etwa 30 bis 40 cm großes Wollvlies in die linke Hand, dazu den Wollfaden. Nun wird jeweils in gewünschter Stärke entlang dem Wollfaden gleichmäßig Wolle aus dem Vlies gezogen, die sich an den Faden anlegt und nun zu einfachen Mustern verarbeitet werden kann. Den Faden jeweils nicht länger als etwa 50 cm ausziehen, sonst reißt er, da die Wollhaare ja nicht wie beim Spinnen miteinander gedreht, sondern nur aneinander gedrückt werden. Die so verarbeitete Wolle legt sich locker in die Maschenhohlräume. Daher sind die Kleidungsstücke, die auf diese Weise gefertigt wurden, besonders wärmend. Die Wollhaare verhaken sich mit der Zeit und geben zusätzlich Festigkeit.

Durch unterschiedliche Wollqualität und -färbung erhalten Sie neben dem verwendeten Strickmuster noch eine zusätzliche Musterung. Da in diesem Gewebe das Wollfett noch enthalten ist, haben Sie sogar ein wasserundurchlässiges Bekleidungsstück.

Ein Gestrick aus ungesponnener Wolle kann nicht mehr aufgetrennt werden, Sie sollten deshalb vor Arbeitsbeginn eine Maschenprobe anfertigen: stricken Sie ein beliebig großes Stück und zählen dann die Reihen und Maschenzahl für jeweils 10 cm Höhe und Breite. Nun können Sie anhand Ihres Schnittes die erforderliche Maschenzahl für den Anschlag errechnen.

Weben: Ein rot-weißer Gürtel in Handweberei, Geschenk einer Stockholmer Freundin, brachte mich erstmals mit diesem schönen Hobby in Verbindung. Bänder, Gürtel oder Schals können Sie auf kleinen, einfachen Webrahmen, die in jedem Bastelgeschäft erhältlich sind, leicht und fast ohne jede Anleitung herstellen. Wagen Sie sich jedoch an einen großen Webstuhl, so sollten Sie in einem Webkurs – etwa bei der Volkshochschule – diese Fertigkeit erlernen. Es werden aber auch Hobbyferien mit Webkursen von Reiseveranstaltern angeboten, da das Handweben, ähnlich dem Spinnen, mehr und mehr an Beliebtheit gewinnt. In den meisten Weblehrbüchern wird auch das Herstellen einfacher Webrahmen erklärt. Wer jedoch das Weben als Erwerb betreiben möchte oder es gar zum Webmeister bringen will, der muß eine Webschule besuchen.

Filzen: Das natürliche Filzvermögen der Haare ist bei feinen, stark gekräuselten Wollhaaren besonders groß. Die dachziegelartigen Schuppen im Wollhaar bedingen, daß das Haar von der Spitze bis zur Wurzel rauh, in umgekehrter Richtung aber fast glatt ist. Beim Walken werden die Haare zusammengedrückt und verhaken sich in Schlingen so fest ineinander, daß sie trotz ihrer natürlichen Elastizität nicht mehr in die Ausgangsform zurückgelangen können. In den dabei entstandenen Hohlräumen ist Luft eingeschlossen, die wärmeisolierend wirkt. Bei der industriellen Herstellung feiner und dichter Tuche wird der Walkvorgang durch mechanische und chemische Prozesse verbessert. Zu Hause müssen Sie die mechanische Wirkung durch Körperkraft erzielen, dabei können zusätzlich Laugen und Wärme helfen, die Wolle zu Filz zu verarbeiten. Sie müssen möglichst viele dünne Vliese gekämmter Wolle übereinander legen. Sie können dabei – auch figürliche – Muster bilden.

Das fertig zusammengestellte Mustervlies wird auf ein dünnes Tuch aufgelegt und mit diesem aufgerollt, mit kochender Seifenlauge (Schmierseife) übergossen und geknetet, gedrückt und geschoben. Vorsicht, es können Falten entstehen, die sofort entfernt werden müssen, da sie die Muster zerstören und später nicht mehr zu entfernen sind. Bei Wolle, die mit der Hand oder maschinell verarbeitet wurde, ist Filzen ein unerwünschter Vorgang, da die Elastizität und Form verlorengeht (Vermeiden von Verfilzen → Seite 59).

Milch und Milchprodukte

Die hochwertige Frischmilch
Von allen unseren milchliefernden Haustieren gibt das Schaf eine besonders gute Milch von vorzüglichem Geschmack, und ihr Wert für die Gesundheit ist unbestritten. Viele Menschen schreiben ihr eine fast geheimnisvolle Heilwirkung und lebensverlängernden Einfluß zu. Rinder und Ziegen bringen es zwar auf einen höheren Massenertrag, in Bezug auf wertbestimmende Inhaltsstoffe erreichen sie aber nicht die Qualität der Schafmilch.
Während Kuh- und Ziegenmilch einen Wassergehalt von etwa 88% aufweisen, beträgt er bei Schafmilch nur etwa 83,5%. Die Schafmilch enthält etwa ein Drittel mehr Eiweiß, Fett und Milchzucker als Kuhmilch und übertrifft sie im Gehalt verschiedener Vitamine teilweise um ein Mehrfaches. Besonders wertvoll wird die Schafmilch durch ihren Gehalt an Orotsäure (Vitamin B 13) und Amygdalin (Vitamin B 17), dem man zellregenerierende und krebsverhindernde Wirkung zuschreibt. Die immer wieder zu lesende Behauptung, Schafe könnten nicht an Krebs erkranken, stimmt indessen nicht.

Schafe haben im Vergleich zu Rindern und Ziegen kleinere Zitzen. Man melkt deshalb nicht mit der ganzen Hand, sondern nur mit einigen Fingern.

Das Melken der Schafe
Da Schafe im Vergleich zu Rindern und Ziegen nur kleine Zitzen haben, ist das Melken etwas schwieriger. Sie können dazu nur einige Finger benutzen und keinen »Allgäuer Vollhandgriff« anwenden (→ Farbfoto Seite 55). Den Melkvorgang genau zu beschreiben, erübrigt sich. Sie erlernen das Melken durch Übung und können es sich bei erfahrenen Milchschafhaltern vorher schon einmal zeigen lassen. Auch für Schafe gibt es mittlerweile Melkmaschinen, deren Anschaffung und Betrieb sich aber nur bei größeren Tierzahlen und kommerzieller Milchverwertung lohnt.
Eine wichtige Voraussetzung für ein gutes und schonendes Ausmelken ist die Zahmheit

des Mutterschafes. Mit viel Geduld und gutem Zureden müssen Sie das Tier dazu bringen, daß es sich ohne Gegenwehr und Fluchtabsichten von Ihnen melken läßt. Oft gelingt dies besonders gut, wenn Sie ihm während des Melkens ein schmackhaftes Kraftfutter anbieten. Wichtig ist ein richtiges »Anrüsten« des Euters kurz vor dem Melken: Durch Massage des Eutergewebes wird der Schaforganismus veranlaßt, Oxytocin auszuschütten, ein Hormon, das die Milch aus dem Eutergewebe in die Zitzen preßt. Hält ein Schaf die Milch während des Melkens trotzdem zurück, so hilft ein Stoßen mit der Hand gegen das Euter (Lämmer stoßen während des Saugens häufig, um den Milchfluß anzuregen). Um auch die letzte fettreichste Milch zu bekommen und Euterentzündungen vorzubeugen, ist ein gründliches und schonendes Ausmelken wichtig. Die Milch sollten Sie in einen sauberen Eimer melken. Da sich eine Verunreinigung durch Heuteile, Wolle oder Insekten nicht immer vermeiden läßt, sieben Sie die frische Milch gleich im Anschluß an das Melken in einen Topf, und zwar durch ein Milchsieb mit waschbarem Edelstahlfilter oder einmal benutzbaren Wattefiltern, zur Not auch durch ein sauberes Leinentuch. Den Topf stellen Sie dann zur Aufbewahrung an einen kühlen Ort.

Der Gebrauch der Frischmilch

Die größte Bedeutung kommt der Frischmilch zu, die im Kühlschrank aufbewahrt, möglichst bald nach dem Melken getrunken werden sollte. In der Frischmilch sind noch alle wertvollen Inhaltsstoffe und Vitamine enthalten, die bei weiterführender Verarbeitung mehr oder weniger vermindert werden. Mit portionsweise tiefgefrorener Milch können Sie die Zeit überbrücken, in der keines Ihrer Schafe gemolken werden kann (gegen Ende der Trächtigkeit). Länger als ein halbes Jahr sollten Sie die Milch aber nicht in der Gefriertruhe aufbewahren. Zum Auftauen können Sie den Milchbehälter in ein Warmwasserbad stellen, müssen aber darauf achten, daß sie nicht zu warm wird. Frischmilch eignet sich auch hervorragend für Mixgetränke mit verschiedenen Früchten. Als Beigabe zu Kaffee oder Tee läßt sich die Frischmilch vergleichbar der Kondensmilch verwenden. Sie können Schafmilch natürlich auch zum Kochen und Bakken nehmen, dabei wird durch eine Verdünnung mit Wasser die Gefahr der Ausflokkung (Gerinnung) während des Erhitzens vermindert. Aus gesundheitlichen Überlegungen ist ein Erhitzen (Abkochen) der Rohmilch gesunder Schafe nicht erforderlich. Tuberkulose kommt bei Schafen fast nie vor und eine Euterentzündung durch Bakterien würden Sie schon beim Melken bemerken.

Sauermilch, Quark und Joghurt

Bleibt frische Milch längere Zeit stehen, so wird sie von selbst sauer. Verschiedene Bakterien und Pilze bauen, indem sie sich in der Milch vermehren, den Milchzucker (Laktose) zur Milchsäure ab. Bei warmen Temperaturen verläuft dieser Prozeß schneller als bei kühlen.

Im Gegensatz zur Kuhmilch, stockt die Schafmilch kaum von selbst; Sie müssen daher Labferment zusetzen (in Apotheken und Drogerien erhältlich). Wenn Sie von der gestockten Sauermilch die Molke durch ein Seihtuch ablaufen lassen, so ist der verbleibende Rest schon fertiger Quark. Sie können ihn genauso verwenden wie Quark, der aus Kuhmilch gewonnen wird. Die Molke enthält wertvolles Eiweiß (Molkeproteine) und sollte keinesfalls weggeschüttet werden. Man kann sie vor allem als Getränk verwenden, aber auch zur Tierfütterung und sogar zur Körperpflege (Waschen mit Molke). Zur Joghurtherstellung müssen Sie die Milch konstant auf 40° C halten und bestimmte Bakterienkulturen zusetzen (Joghurtkulturen gibt es in Reformhäusern). Sie können die Milch auch mit gekauftem Joghurt mischen. Am einfachsten ist die Herstellung von Joghurt aus Schafmilch in einem elektrischen Joghurtbereiter. Nach einer etwa zwölfstündigen Bebrütung in diesem Gerät stellen Sie das Produkt in den Kühlschrank. Schon am nächsten Tag ist der Joghurt fertig. Ein Becher gekaufter Joghurt ist ausreichend für die Herstellung von sechs Gläsern. Mit einem Teil des selbstbereiteten Joghurts (ein Glas aufheben!) können Sie jeweils die frische Milch des nächsten Tages beimpfen und so den Prozeß fortführen.

Butterherstellung

Aus Milchfett läßt sich Butter bereiten. Sie brauchen etwa 8 Liter Milch, um 500 g Butter zu gewinnen. Für die Butterherstellung muß das Milchfett gesammelt werden. Die Trennung der Rahmschicht von der Magermilch läßt sich am besten mit einer Zentrifuge bewerkstelligen. Es genügt aber auch, wenn Sie den abgesetzten Rahm mit einem Löffel vom Milchtopf abschöpfen, ihn in einem Rahmtopf über mehrere Tage sammeln und im Kühlschrank aufbewahren. Aus dem gesammelten Rahm läßt sich schon durch Schlagen in einer Küchenmaschine (mit Schneebesen) ein Butterklumpen herstellen. Dieser Butterklumpen wird durch Sieben von der Buttermilch getrennt. Anschließend

müssen Sie ihn noch in Wasser waschen und dann kneten, bis das Waschwasser klar bleibt. Der nun sauberen, weißen Butter können Sie zur besseren Haltbarkeit und zum besseren Geschmack Kochsalz zusetzen (etwa 10 g pro Kilo). Sie läßt sich gut in Metall- oder Plastikformen pressen, aus denen sie durch Erwärmen der Wände wieder herausgelöst wird; Sie können sie auch in Keramiktöpfen aufbewahren.

Käsebereitung

Früher diente die Käseherstellung in erster Linie dazu, den zeitweise anfallenden Milchüberschuß haltbar zu machen. Das Prinzip besteht in einer Gerinnung des Eiweißes (Kasein) und einem Wasserentzug. Dieses Ausgangsprodukt kann aus Süßmilch mit Labsubstanz oder aus Sauermilch gewonnen werden. Käse mit noch recht hohem Wassergehalt heißen Weichkäse; wird das Wasser noch stärker entzogen, so erhalten wir einen Hartkäse. Die unterschiedlichen Sorten ergeben sich durch das Einwirken verschiedener Mikroorganismen und unterschiedlicher Reifung. Die eigene Käseherstellung erfordert einige Erfahrung, Sie sollten es zunächst mit kleinen Mengen probieren und sich nicht entmutigen lassen, wenn Sie nicht auf Anhieb einen Spitzenkäse nach Ihren Wunschvorstellungen zustande bringen. Ein wichtiger Faktor ist die Temperatur. Um sie genau einhalten zu können, sollten Sie mit einem Käsethermometer arbeiten. Für die Herstellung der meisten Käsesorten wird viel Zeit benötigt. Während des Reifeprozesses müssen sie wochenlang in richtig temperierten Räumen gelagert werden, wobei die Käselaibe öfter zu wenden sind. Wer die Käseherstellung zu seinem Hobby machen möchte, findet gute Anleitung in dem Buch »Handbuch der Käse«, das allerdings für Fachleute geschrieben wurde. Einige Tips und Käserezepte wurden in der Fernsehsendung »Hobbythek« gesendet, zugehörige Bücher sind über den Buchhandel erhältlich (→ Bücher und Adressen, die weiterhelfen, Seite 70).

Ein einfaches Rezept für einen selbstbereiteten Schafkäse möchte ich Ihnen hier beschreiben: 7 Liter Schafmilch werden auf 25° C erhitzt (genau mit Thermometer). Sie fügen 7 bis 8 Tropfen Lab dazu und erwärmen langsam auf 35° C. Die Milch sollte in etwa 40 Minuten gestockt sein. Sie stellen den Topf kühl, Zimmertemperatur genügt. Beim Beginn des Stockens kurz umrühren. Danach wird die Molke abgegossen, und zwar durch ein grobes Tuch, das in einem Haushaltssieb liegt. Nach etwa einer Stunde nehmen Sie das Tuch mit dem Käse heraus und bringen es in die Käseform. Sie können Käseformen kaufen oder sie auch selbst herstellen. Kleinere, wofür Sie dann auch kleinere Tücher benötigen, können Sie leicht aus viereckigen Plastik- oder runden Margarinedosen herstellen. Sie brauchen dazu nur den Boden und die Wände mit einem Nagel zu durchlöchern, dicht an dicht. Das Tuch mit dem Käse wird also in die Form gebracht, ein möglichst gut passender Teller darauf gelegt, mit Steinen beschwert und etwa eine Stunde darin belassen. Danach nehmen Sie das Ganze aus der Form heraus und bringen den Käse nochmals, jedoch ohne Tuch, aber wieder mit Teller und Steinen beschwert, in die Form; diesmal für 24 Stunden. Nun nehmen Sie den Käse, der schon an Form gewonnen hat, abermals heraus und legen ihn in eine Salzlake (ca. 100 g Salz auf einen Liter Wasser). Der Käse soll darin einsinken und etwa 24 Stunden in der Salzlake bleiben. Während dieser Zeit müssen Sie ihn ab und zu wenden. Dann nehmen Sie den Käse heraus und lassen ihn ungefähr drei Tage an einem zugigen Ort unbedeckt trocknen. Natürlich dürfen keine Fliegen, Mäuse oder Katzen daran geraten!

Wenn Sie den Käse mit Salzwasser abwaschen, können Sie eine zu schnelle Reifung (Schimmelbildung) verhindern.

Das Lab muß im Kühlschrank aufbewahrt werden und hält sich so einige Monate.

Fleisch

Vorbemerkung über das Schlachten

Charakteristisch für das Leben auf dieser Erde ist, daß immer wieder neue Lebewesen entstehen und andere sterben. Alle ernähren sich, die einen mehr, die anderen weniger offensichtlich, von der Körpersubstanz gestorbener oder getöteter Lebewesen. Daß der Mensch von Natur aus kein Vegetarier ist, darauf weist neben prähistorischen Funden auch die Existenz einiger Parasiten hin. Betrachtet man es als natürlich, Fleisch zu essen, so muß man auch die Nutztierhaltung und das Schlachten akzeptieren. Nun werden in der heutigen Zeit der Massentierhaltung sehr viele Tiere unter Bedingungen gehalten, die von naturorientierten Menschen, die auch im Haustier ein Lebewesen mit einer vielfältigen Sinnesstruktur und arteigenen Verhaltensansprüchen sehen, nicht gutgeheißen werden. Schlachtet jemand ein eigenes Tier, so weiß er, wie es gehalten wurde. Man kann es töten, ohne daß es Angst oder Schmerzen empfindet (es hat im Gegensatz zum Menschen keine Vorstellung vom Tode), man sollte dann sein Fleisch auch mit Genuß verzehren.

Die Hausschlachtung

Unter Hausschlachtung versteht man das Schlachten eines Haustieres für den eigenen Haushalt des Besitzers. In Deutschland unterliegen auch Schafe und Ziegen dem Fleischbeschaugesetz, das heißt, eine beabsichtigte Schlachtung muß dem zuständigen staatlich beauftragten Fleischbeschauer angemeldet werden. Das Schlachttier wird dann gebührenpflichtig vor und nach der Schlachtung untersucht. Nur bis zu drei Monate alte Lämmer dürfen für den eigenen Verbrauch ohne amtliche Fleischbeschau geschlachtet werden. Nach dem deutschen Tierschutzgesetz müssen Schlachttiere vor dem Entbluten betäubt werden. Das in vielen Gegenden der Welt übliche Schächten (Halsschnitt ohne Betäubung) ist verboten. Außerdem soll das Schlachten abseits der Öffentlichkeit erfolgen.

Das Schlachtschaf wird am besten mit einem Bolzenschußapparat, der auf dem Hirnschädel aufgesetzt wird, betäubt (unbedingt hinter der Hornansatzstelle und keineswegs im Nasen-Stirnbereich). Zwangsmaßnahmen wie Fesseln der Beine vor dem Schlachten sind eine unnötige Mißhandlung des Tieres. Durch einen Halsschnitt mit einem scharfen Messer öffnet man dem bewußtlosen Tier die Schlagadern und läßt es ausbluten. Die schwerste Arbeit ist das saubere Abziehen des Schaffells vom Tierkörper. Das Tier wird hierzu am besten nach dem Abtrennen des Kopfes an den Hinterbeinen so aufgehängt, daß ein bequemes Arbeiten möglich ist. Erst nach einiger Übung gelingt das rasche und saubere Abziehen. Wichtig ist, nicht mit der Hand, die die Wollseite des Felles berührt, ständig auf den schon abgezogenen Schlachtkörper zu fassen, sonst sind, besonders bei älteren Tieren, Geruchs- und Geschmacksbeeinträchtigungen des Fleisches die Folge. Die Innereien (Leber, Herz und Nieren) werden für die Küche verwendet. Spätestens etwa 40 Minuten nach dem Tode sollte die Bauchhöhle eröffnet und die Eingeweide entfernt sein, da sonst infolge starker Gasbildung in Pansen und Darm eine Geruchsbeeinflussung des Fleisches eintreten könnte.

Der sauber abgezogene und ausgeweidete Schlachtkörper kann bei kühler Witterung einige Tage an einem geeigneten Ort aufbewahrt werden (Abhängen). In dieser Zeit laufen im Fleisch chemische Umsetzungsprozesse ab, die es zarter und wohlschmeckender werden lassen (Fleischreifung).

Das Zerteilen des Schlachtkörpers stellt kein großes Problem dar (→ Zeichnung Seite 66). Man trennt mit einem Messer die Vorderkeulen entlang der Rippenwölbung ab, schneidet die Bauchlappen heraus und sägt beiderseits der Rückenmuskelstränge die Rippen ab. Die Hinterkeulen können mit der zugehörigen Beckenhälfte leicht abgetrennt und Hals-, Brust- und Rückenstücke in Bratenportionen aufgeteilt werden. Die besten Bratenstücke ergeben sich aus den Keulen und dem Rücken, von jungen Tieren können auch die Rippen sowie Brust und Hals zu sehr wohlschmeckenden Braten- oder Grillstücken verwendet werden.

Die verschiedenen Fleischsorten

Bis zum Alter von etwa sechs Monaten werden die jungen Schafe noch als Milchlämmer bezeichnet. Meist werden sie zwischen drei und sechs Monaten geschlachtet. *Milchlammfleisch* ist weich und hell, ohne besonderen Eigengeschmack. Es gilt als Delikatesse und erzielt einen sehr guten Preis.

Die Produkte des Schafes

Mastlämmer können bis zu einem Jahr alt sein. Ihr Fleisch ist etwas fester und kräftig rosa in der Farbe. Die Qualität und Verwendungsmöglichkeit ihres Fleisches entspricht weitgehend dem der Milchmastlämmer.

Hammelfleisch stammt von jungen Tieren, die nicht mehr als Lämmer bezeichnet werden und etwa ein bis zwei Jahre alt sind. Auch dieses eignet sich gut zum Braten. Das Fleisch ist etwas fester und hat einen kräftigeren Geschmack als Lammfleisch.

Auch das *Schaffleisch* junger bis zu vier Jahre alter Tiere ist wohlschmeckend – sein Geschmack ist sehr charakteristisch – und es ist von kräftiger roter Farbe.

Lammfleisch und Hammelfleisch findet überwiegend als Braten Verwendung. Die besten Bratenstücke ergeben sich aus Rücken und Keule. Lammkoteletts und Steaks aus der Keule können bei genügend abgehangenem Fleisch auch zum Kurzbraten verwendet werden. Hals- und Bauchfleisch, ebenso wie Brustfleisch, eignet sich mehr für Ragouts und Eintöpfe. Das Fleisch alter Tiere (mehrjährige Mutterschafe, alte Zuchtböcke) wird wegen seines etwas strengen Geruchs und Geschmacks von den meisten Leuten nicht sehr geschätzt und findet oft nur bei türkischen Mitbürgern noch Freunde.

Wer jedoch sein altes Zuchttier nicht über den Viehhandel einem ungewissen Ende überlassen möchte, sollte es selber schlachten und verwerten. Das Schaffleisch können Sie von den Knochen lösen und zur Wurstbereitung verwenden. Von Sehnen und Fett befreit, ergibt es, durch den Wolf gedreht, auch ein recht gutes Hackfleisch, das man portionsweise einfrieren und beispielsweise zu Frikadellen und Fleischsaucen verwenden kann. Zähes Fleisch läßt sich auch durch längeres Abhängen nach dem Schlachten und notfalls durch Kochen in einem Dampftopf weich und genießbar machen.

Das Buch »Die besten Lammspezialitäten« von Gunhild von der Recke wird Ihnen beim Zubereiten von Lammgerichten, von einfach bis raffiniert, sicher viele interessante Anregungen geben und eine große Hilfe sein (→ Bücher und Adressen, die weiterhelfen, Seite 70).

Wurstbereitung

Für die Wurstherstellung können Sie gut das Fleisch älterer Tiere, ja sogar alter Böcke, verwenden. Auch für einen kleinen Haushalt lohnt es sich, von einem ganzen Tier Wurst herzustellen. Sie können aber auch einige gute Stücke zum Braten oder einen Schinken zum Räuchern übrig lassen.

Vor der Zubereitung der Wurst müssen Sie einen Gang zum Metzger tun und einige wichtige Hilfsmittel und Zutaten besorgen:

Die Seitenansicht des Lammes zeigt die wichtigsten Fleischteile, in die das Tier beim Schlachten zerlegt wird.
1 Kopf, 2 Hals, 3 Rücken, 4 Brust, 5 Vorderkeule, 6 Rippen, 7 Bauchlappen, 8 Hinterkeule.

Die Produkte des Schafes

Rohen, das heißt grünen Schweinespeck und Wurstdarm. Beides sollten Sie vorher bei Ihrem Metzger bestellen. Der Naturdarm ist stark gesalzen; Sie müssen ihn deshalb 24 Stunden wässern und anschließend mehrmals von beiden Seiten gründlich mit kaltem Wasser spülen. Achten Sie aber darauf, daß er dabei nicht reißt.

Sie benötigen an Ihrem Fleischwolf einen Wurststopfer. Er ist nicht besonders teuer und seine Anschaffung lohnt sich auf jeden Fall, wenn Sie gerne Wurst selbst bereiten.

Mühsam ist es, das rohe Fleisch vom Knochen zu lösen. Es wird anschließend durch den Fleischwolf gedreht. Wenn Sie sich einen elektrischen Fleischwolf anschaffen wollen, so müssen Sie darauf achten, daß Sie eine gute stabile Maschine erwerben. Eine elektrische Maschine, die für kleine Gewerbebetriebe vorgesehen ist, erfüllt diese Ansprüche am besten. Der gewöhnliche, handelsübliche Fleischwolf reicht vielleicht aus, um eine Portion Tartar zu bereiten, nicht aber, um einen ganzen Schafbock zu zerkleinern. Sie benutzen dafür am besten die kleine oder mittelgroße Lochscheibe, die sie allerdings beim Wurststopfen nochmals vorsetzen sollten. Das Fleisch wird auf diese Weise zweimal zerkleinert.

Zu Beginn müssen Sie etwa einen Meter des Darms auf den Wurststopfer schieben. Das Füllen des Darms wird am besten von zwei Personen ausgeführt, wobei eine die Fleischmasse in den Wolf füllt und die Maschine anstellt, die zweite den gefüllten Darm hält und sobald eine genügend lange Wurst entstanden ist, mit Wurstkordel abbindet und den Darm abschneidet. Anstelle der Wurstkordel können Sie auch Baumwollgarn verwenden.

Das richtige Würzen ist bei der Wurstherstellung besonders wichtig. Viele Hausmetzger verwenden zum Würzen der Wurst meist nur Salz, Pfeffer und Majoran in individuell verschiedener Menge. Koriander wird oft als Wurstgewürz empfohlen, mit der Dosierung sollten Sie aber vorsichtig sein, damit das Gewürz nicht vorschmeckt (→ Bücher und Adressen, die weiterhelfen, Seite 70).

Bei der Konservenherstellung sind die üblichen Regeln des Einkochens zu beachten: saubere Gläser, gute Verschlüsse und genaues Einhalten der Kochtemperatur und -zeit.

Das durch den Wolf gedrehte und gewürzte Wurstgemisch wird in Gläser oder Konservendosen gefüllt – nicht zu voll – und diese werden fest verschlossen. In einem Wecktopf mit 100° C (Thermometer) müssen sie nun zwei Stunden erhitzt werden. Nach zwei Tagen erhitzt man sie erneut 1 Stunde. Das Abkühlen soll jeweils allmählich erfolgen. Die Gläser werden beschriftet und an einem kühlen Ort gelagert.

Schafdünger

Der Schafmist, und vor allem der mit viel Schafmist bereitete Kompost, stellt ein wertvolles Düngemittel dar, das man für sämtliche Gartenkulturen wie auch für Acker- und Weidedüngung einsetzen kann.

Die Verhaltensweisen der Schafe

Für den Menschen war schon von Beginn der Schafhaltung an die Kenntnis des artspezifischen Verhaltens seiner Tiere von großem Nutzen und unabdinglich für den richtigen Umgang mit ihnen. Naturverbundene Menschen haben wohl schon zu allen Zeiten den größten Teil des Tierverhaltens intuitiv richtig begriffen und die entsprechenden Folgerungen gezogen. Erst seit verhältnismäßig kurzer Zeit befaßt sich eine systematische Wissenschaft mit dem Verhalten der Tiere: Die *Ethologie (Verhaltenskunde)*. Sie hat viel zum allgemeinen Verständnis tierischen Verhaltens beigetragen und viele falschvermenschlichende Anschauungen beseitigt. Durch vergleichende Untersuchungen verschiedener Tierarten – auch im Vergleich zum Menschen – wurden grundlegende Übereinstimmungen und Unterschiede aufgezeigt. Die Kenntnis des arttypischen Verhaltens und der Lebensansprüche einer Haustierart ist Voraussetzung für einen sinnvollen Tierschutz und eine artgerechte Haltung. Eine wichtige Grundlage für jede Tierart ist ihr angeborenes Verhalten, Instinkt und Reflex. Durch Prägung oder Erfahrung können Verhaltensweisen abgewandelt werden und sich an die jeweiligen Umweltbedingungen besser anpassen.

Herdentrieb

Das Schaf ist ein wiederkäuender Pflanzenfresser und lebt wie viele andere Huftiere im Herdenverband. Eine Herde neigt dazu, in einem bestimmten Gebiet zu bleiben. Der Herdentrieb des Schafes ist sehr stark ausgebildet. Hat eine Anzahl von Tieren eine bestimmte Richtung zur Flucht eingeschlagen, so stürmen alle anderen hinterher, selbst wenn Hindernisse die Flucht erschweren oder Gefahren (Absturz) drohen. Es ist sehr schwer, nachfolgende Tiere in eine andere Richtung zu drängen oder einzelne Tiere aus dem Herdenverband abzutrennen. Schafe, die als Lämmer mit der Flasche unter intensiver Betreuung vom Menschen aufgezogen wurden, betrachten auch den Menschen als Herdengenossen. Bei Gefahr, Erschrecken und Flucht, schließen sich Schafe immer dichter in der Herde zusammen. Aus diesem Grunde ist es möglich, die Herden mit Hunden zu hüten.

Futteraufnahme

Den größten Teil des Tages (8 bis 12 Stunden) verbringt das Schaf mit der Futteraufnahme. Am frühen Morgen und am Spätnachmittag wird am längsten und intensivsten gegrast, dabei bewegen sich die Tiere ständig vorwärts. Die Futteraufnahmeperioden werden durch Ruhen und Wiederkäuen unterbrochen. Das Wiederkäuen nimmt etwa 8 bis 10 Stunden täglich in Anspruch und tritt in 8 bis 15 Perioden auf. Schafe beißen die Futterpflanzen dicht über dem Boden ab, wobei sie bestimmte Pflanzen bevorzugen und sie nach Geruch und Geschmack auswählen. Mit Schafkot verschmutztes Futter und Weideflächen werden gemieden. Dieser »Ekel« gegenüber den arteigenen Ausscheidungen ist auch bei anderen Weidetieren zu beobachten und wurde im Laufe der Entwicklung (Evolution) wohl dadurch gefördert, daß die Brut der meisten Magen-Darm-Parasiten über den Kot übertragen wird.

Schafe setzen ihren Kot anscheinend immer dort ab, wo sie sich gerade befinden (etwa 8 bis 10 mal am Tag), sie verunreinigen so die Weidefläche ziemlich gleichmäßig.

Brunstverhalten und Rivalenkampf

Die meisten europäischen Schafrassen haben im Herbst ihre Brunstsaison. Zur Brunstzeit entsteht eine gewisse Unruhe in der Herde. Besonders Böcke liefern sich nun häufig Rivalenkämpfe, wobei sie aus einem größeren Abstand wuchtig mit den Köpfen zusammenstoßen. Meist entstehen dabei keine ernsthaften Verletzungen der Tiere. Allerdings habe ich erlebt, daß ein kräftiger ausgewachsener Schwarzkopfbock nach einem frontalen Zusammenstoß wie vom Blitz getroffen tot umfiel. Sehr zahme Schafböcke führen mitunter auch gegen den Menschen Rammstöße aus. Sie können durchaus gefährlich sein, besonders dann, wenn sie unverhofft geschehen. Um kein Stoßen zu provozieren, sollten Sie einen Schafbock nie an der Stirn, sondern an der Kehle kraulen.

Mutter-Kind-Beziehung

Höchst eindrucksvoll ist die Entwicklung der Mutter-Kind-Beziehung kurz nach der Geburt. Das Mutterschaf wendet sich dem Neugeborenen zu und leckt es intensiv. Innerhalb der ersten beiden Lebensstunden finden die Lämmer das mütterliche Euter und nehmen Kolostralmilch auf. Die Mutterschafe lernen ihre Lämmer nach Geruch, später auch nach Aussehen und Stimme von fremden Lämmern zu unterscheiden. Fremde Lämmer werden abgewehrt und dürfen nicht saugen. Besonders bei urtümlichen Schafrassen, wie den Heidschnucken,

kommt es vor, daß bei einer Zwillingsgeburt nur ein Lamm akzeptiert und das zweite verstoßen wird.

Die Schaflämmer saugen in den ersten Lebenstagen etwa 16 mal am Tag jeweils ungefähr zwei Minuten lang, später oft nur 10 bis 20 Sekunden, bevor die Mutter sie abwehrt. Saugende Lämmer wackeln heftig mit dem Schwanz. Wahrscheinlich wird hierdurch die Mutter zur Geruchskontrolle der Analregion des Lammes angeregt. Mit zunehmendem Alter nimmt die Mutter-Kind-Bindung wieder ab und ist nach einigen Monaten nur noch schwach ausgeprägt.

Spielverhalten

An einem schönen Frühlingstag hat wohl jeder schon einmal das ausgelassene Spiel junger Lämmer beobachtet. Ihr Drang zu kraftvollen Bocksprüngen und übermütigem Losstürmen zeigt ein großes Bewegungsbedürfnis der Jungtiere. Entsprechend den Anforderungen ihres späteren Lebens setzt sich das Spiel der Lämmer überwiegend aus Elementen der Flucht, des Rivalenkampfes und des Sexualverhaltens zusammen. Außerdem zeigen sie ein gewisses Neugier- und Erkundungsverhalten.

Eine ungewöhnliche Verhaltensweise

Bringen Sie Schafe in eine für sie ungewöhnliche Lage (etwa Hinsetzen zur Klauenpflege), oder geraten die Tiere zufällig in Rückenlage, verharren sie meist lange bewegungslos und machen keinerlei Befreiungsversuche. Ebenso kommt es vor, daß ziemlich scheue Tiere, wenn sie gefangen werden, sich fallen lassen und alles erdulden, aber nicht zum Aufstehen oder Gehen zu bewegen sind. An einem Sommerabend wurde ich von aufgeregten Spaziergängern alarmiert, ein totes Mutterschaf liege nun schon lange auf der Koppel und die verwaisten Lämmer liefen verzweifelt umher. Nachdem ich unverzüglich hineilte, bot sich tatsächlich ein solch trauriger Anblick. Aber das »tote« Mutterschaf lief, von mir wieder auf die Beine gestellt, sofort munter seinen Lämmern entgegen. Es war bei sonnigem Wetter während des Ruhens am Hang in halbe Rückenlage gerutscht und konnte sich wohl wegen des dicken Pelzes nicht wieder in Bauchlage bringen. So hatte es alle Aufstehversuche aufgegeben und lag eine lange Zeit völlig bewegungslos, in sein Schicksal ergeben.

Sozialverhalten

Bemerkenswert ist, daß alle Schafe einer Herde zur gleichen Zeit der gleichen Beschäftigung nachgehen, ohne daß bestimmte Tiere eine »Führungsposition« einnehmen. Schafe sind im Gegensatz zu Ziegen sozial sehr verträglich.

Untereinander halten Schafe durch Blöken Kontakt, besonders intensiv blöken Mutterschafe und junge Lämmer, wenn sie getrennt werden. Einzelne Schafe versuchen immer, Kontakt zu anderen Schafen oder zur Herde zu bekommen. Da das Kontaktbedürfnis der Schafe zu Artgenossen – ersatzweise zu andersartigen Lebewesen – so groß ist und ein einzelnes Schaf sehr furchtsam und schreckhaft ist, sollten Sie immer die Möglichkeit schaffen, daß mindestens zwei Tiere zusammen leben können.

Bücher, die weiterhelfen

Bächi, Nussbaumer, *So färbt man mit Pflanzen*; Haupt Verlag, Bern
H. Behrens, H. H. Doehner, H. Scheelje und R. Wasmut, *Lehrbuch der Schafzucht*; Verlag Paul Parey, Hamburg und Berlin
Deutscher Schäfereikalender 1984; Verlag Eugen Ulmer, Stuttgart
Hiepe, Th., *Schafkrankheiten*; VEB Gustav Fischer Verlag, Jena
Lamm, Time Life
Lammfleisch erzeugen; Land- und Hauswirtschaftlicher Auswertungs- und Informationsdienst (AID), Heft Nr. 129/1983
Mair-Waldenburg, *Handbuch der Käse*; Volkswirtschaftlicher Verlag, Kempten
Produktionsverfahren – Koppelschafhaltung; Arbeiten der DLG, Band 122, 1969; DLG Verlag, Frankfurt
Recke, Gunhild v. d., *Die besten Lammspezialitäten*; Gräfe und Unzer Verlag, München
Schmidt, K. F., *Wurst aus eigener Küche*; Verlag Paul Parey, Berlin
Schwintzer, I., *Das Milchschaf*; Verlag Eugen Ulmer, Stuttgart

Adressen, die weiterhelfen

Vereinigung Deutscher Schafzuchtverbände e. V., Adenauerallee 176, 5300 Bonn
Deutsche Wollverwertung GmbH, Finninger Straße 60, 7910 Neu Ulm
Gesellschaft zur Erhaltung alter und gefährdeter Haustierrassen; Prof. Dr. Dr. Hans Hinrich Sambraus, Waltruderingstraße 17 a, 8000 München 82

Sachregister

Halbfett gesetzte Seitenzahlen verweisen auf Farbfotos.

Ablammbucht 26, 41
Abmagerung 49, 50
Abstammungsnachweis 19, 39
Altersbestimmung 11
Anämie 50
Anatomie 7, 11, 51
Antibiotika 44, 50, 54
Antikörper 41
Antüdern 24
Apathie 49, 51, 52
Apotheke (für Schafe) 54
Arkal 6
Atemstörungen 49, 50
Aufblähung 48, 54
Außenparasiten 45

Bakterien 29, 48, 49, 50, 51, 52, 53, 62, 63
Ballaststoffe 32
Bauch
-höhle 8, 65
-fellentzündung 49
Behandlung, medizinische 29, 30, 41, 43, 44, 45, 46, 47, 48, 49, 50, 51, 52, 54
Bentheimer Landschaf 12, 14
Bergschafe **9, 10,** 12, 14, 15, 36
Besatzstärke 17, 23, 47, 53
Blättermagen 8
Blöken 69, 70
Blutsauger 45, 46, 47, 52
Bock-
-haltung **28,** 36, 39, 44, 69
-kampf **38,** 69
Bornasche Krankheit 50
Breinierenkrankheit 53
Brunst 11, 35, 36, 44, 69
Butterherstellung 63

Coburger Fuchsschaf 12, 14, **U4**

Darm 8, 65, 67
-parasiten 46, 49, 53
-pech 41
Deckakt 36, 42, 44
Desinfektion 48, 51, 54
Deutsche Fleischschafe **9,** 12, 15, 16, 19, 36, 39
Deutsche Wollverwertung 57

Deutsches Milchschaf **U2, 9,** 12, 13, 19, 35, 36, 40, 65, 66
Drüsenabsonderung 45
Düngemittel 18, 19, 22, 23, 67
-vergiftung 54
Durchfall 43, 49, 50, 52

Einstreu 25
Einzelhaltung 12, 18, 20, 21, 40
Eiweiß 31, 32, 34, 39, 57, 61, 63
Energie 31, 33, 34, 41, 52
Englisches Vierhornschaf 12, **28**
Euter 40, 41, 52, 62, 69
Evolution 6, 47, 68
Extensivhaltung 6, 19

Fäulniserreger (im Heu) 29
Fell 6, 65
Festliegen (des Schafes) 51
Fettschwanzschaf 12
Fettsteißschaf 12
Finnschaf 12
Fleischschafe **9,** 12, 15, 16, 19, 36, 39
Fliegenmaden 46
Futter
-aufnahme 8, 11, 26, 34, 43, 45, 46, 48, 49, 51, 53, 68, 69
-bedarf 17, 23, 31, 42
-kosten 18, 43
-lagerung 17, 26, 29, 33
-mittel 18, 19, 23, 26, 29, 31, 32, 33, 34, 42, 43, 49, 54, 59, 62, 63
-mittelvergiftung 54
-pflanzen 22, 23, 46, 48

Geburt 11, 26, 39, 40, 41, 42, 51, 52, 69
Gefahrenreaktion 7, 69, 70
Gerste 33, 34
Geruchskontrolle 42, 69
Gesundheitsprüfung 18
Getreide 34

Haarlinge 45, 46
Haarschaf 6, 12

Hafer 33, 34
Haltungsbedingungen 6, 17, 18, 19, 23, 42, 43, 45, 47, 48, 53, 64, 68
Haltung
–, Einzelschaf- 12, 18, 20
–, Extensiv- 6, 19
–, Herden- 6, 12, 20
–, Intensiv- 13, 18, 19
–, Koppel- 7, 20, 21, 22, 23, 34, 45, 47, 48
–, Stall- 17, 20, 22, 23, 25, 26, 45, 46, 47, 48, 50
–, Weiden- 17, 22, 23, 24, 25, 45, 46, 47, 48
Hausschaf 6, 7, 11, 17, 18, 44, 51
Haut 45, 46
-erkrankung 30, 48
Heidschnucke 12, 13, 14, **28,** 36, **38,** 57, 69
Herden
-haltung 6, 12, 20
-kennzeichnung 29
-trieb 68
-unruhe 44, 69
-verband 6, 68, 70
Heterosiseffekt 35
Heu 23, 29, 31, 43, 50, 53, 62
-beschaffenheit 32, 33
-einbringung 32
-lagerung 26, 29, 32
-schnitt 32, 47
Hirnstörungen 50
Holzbock, Gemeiner 46
Holzbohlen (im Stall) 25
Hornschuhe 7
Hürden (Holz-) 21, 26
Huf 7
-krankheiten 48

Impfung 19, 44, 50, 51
Infektion 24, 41, 44, 45, 46, 47, 48, 50, 52, 53
Inkubationszeit 50
Innenparasiten 46
Instinkt 7, 68
Intensivhaltung 13, 18, 19
Joghurtherstellung 62, 63

Kärntner Brillenschaf **9,** 12, 14
Käseherstellung 63
Karakulschaf 12
Kastrieren 44, 51
Kennzeichnung (der Schafe) 29

Kiefer 8, 11
Klauen
-krankheiten 8, 48, 50, 54
-pflege 29, 48
-horn 7, 29, 48
Knochenbruch 52
Knotengitter 21
Kochsalz 63
-vergiftung 54
Körper 50, 69, 70
Körperbewegung 50, 69, 70
Körung 35, 39
Kohlenhydrate 31
Kokzidien 49, 50, 52, 53
Kolostralmilch 41, 43, 69
Kompost (Schafmist) 22, 67
Koppel
-beweidung 22, 23
-einzäunung 21, 22
–, Einzel- 21
-haltung 7, 20, 21, 22, 23, 34, 45, 47, 48
-pflege 19
Kot 24, 49
-insekten 46
-plätze 23, 47, 68
-untersuchungen 47, 50, 53
Krankheitsanzeichen 43, 48, 49, 50, 53, 54
Krankheitserreger 45, 46, 47, 50, 51, 52
Kreuzungszucht 35, 39
Kriebelmücke 46
Kupieren 44, 51

Labmagen 8
Lahmheit 48, 50
Laktation 36
Lämmerschlupf 22, 42
Lamm
-aufzucht 13, 14, 22, 23, 26, 31, 34, **37,** 41, 42, 43, 49, 70
-bar 43
-fleisch 66
-geburt 39, 40, 69
-gewicht 41
-krankheiten 49, 50, 51, 52, 53, 54
-zeit 23, 36
-zucht 35, 36, 42, 65, 66
Landschafe **U1,** 6, 12, 13, 14, 15, 19, 36, 39, 69, **U4**
Lausfliegen 45, 46

71

Sachregister

Leber 65
Leberegel 46
Lebererkrankung 50
Leineschaf 12, 16
Leukose 50
Lippengrind 50
Lungenerkrankung 46, 50
Lymphknoten 50

Maedi 50
Mähen 32
Magen
–, Blätter- 8
-Darm-Wurm 23, 46, 47
–, Lab- 8
–, Netz- 8
-störungen 48, 49
Mattigkeit 50, 51
Maul- und Klauenseuche 50
Melken **55**, 61, 62
Merino
-fleischschaf 12, 15, 36
-landschaf **U1**, 6, 12, 15, 36, **U4**
Milben 46
Milch
-austauscher 43
–, Kolostral- 41, 43, 69
–, Schaf- 61, 62, 63, 64
Milchschaf **U2**, **9**, 12, 13, 19, 35, 36, 40, 65, 66
Mineralstoffe 31, 32, 34, 52
Moderhinke 48
Möhren 33
Mufflon 6, **28**
Muskelverkrampfung 51
Mutter
-Kind-Beziehung **10**, 41, 69
-schaf 20, 22, 23, 26, 34, 35, 36, 42, 50, 51, 62, 70

Nasen-Rachenraum 46
Netzmagen 8
Nieren 53, 65

Ödeme 50
Ohr
-insekten 46
-marken 29

Paarung 36
Pacht 18
Pansen
-krankheiten 48, 49
-milieu 8, 48, 49, 65

Parasiten 30, 45, 46, 47, 49, 50, 68
–, Außen- 45
-bekämpfung 23, 34
–, Darm- 46, 49, 53
–, Innen- 46, 47
Pferch, versetzbarer 24
Protozoen 48

Quarkherstellung 62, 63

Rachenbremsen 46
Rammstöße 69
Rasse
-bildung 6, 35
-kennzeichnung 29
-zucht 35
Raufen 25, 26, 53
Rauhwolliges Pommersches Landschaf **9**, 12
Rhönschaf 12, 14
Roggen 33
Rohfasergehalt 31, 32

Sägebockstellung 51
Sauermilchherstellung 62, 63
Schadinsekten 46, 62
Schächten 65
Schäfer 17, 20, 29, 30, 36, 41, 45
Schafbandwürmer 46
Schafbestand 7, 20
Schafdünger 67
Schaffleisch 65, 66
Schafläuse 46
Schaflausfliege 45
Schafmilch 61, 62, 63, 64
Schafmist 22, 25, 67
Schafrassen 6, 12
Schafschur 6, 12, 30, 46, **56**, 58
Schaufeln (Zähne) 11
Schimmelpilze 29, 32, 33, 54
Schlachtung 64, 65
Schmeißfliege 46
Schorf 50
Schur 6, 12, 30, 46, **56**, 58
Schutzhütte 17, 20, 25
Sexualverhalten 11, 50, 69
Siechtum 50
Silage 29, 31, 33, 47
Sinnesorgane 7, 42, 69
Skudden 12, 14, 36, **38**, **U3**, **U4**
Soay-Schaf 12
Sojaschrot 34, 49
Sozialverhalten 70

Spaltenboden 25
Speichelfluß 50
Spielverhalten **37**, 69
Spurenelemente 31
Stärkeeinheiten 31
Stall
-dunst 25, 29
-fütterung 31
-geburt 41
-haltung 17, 20, 22, 23, 25, 26, 45, 46, 47, 48, 50
-raum 25, 26
Standweide 23
Stickstoffdünger 22, 31
Stoffwechsel 51, 52
Streu 25
Stroh 25, 26, 31, 33
Suffolkschaf 12, 16

Tätowieren 29
Texelschaf 12, 16
Tierschutz 65, 48
Tierzuchtgesetz 39
Tollwut 50
Traberkrankheit 50
Trächtigkeit 11, 39, 62
Tränke 34, 43, 50
Tröge 25, 26
Tuberkulose 50

Umweltbedingungen 20, 41, 45, 46, 47, 68
Urtümliche Landschafe 12

Verdauung 8, 48, 49
Vergiftung 29, 49, 51, 52, 53, 54
Verhalten
– bei Gefahren 7, 68, 69, 70
–, Herdentrieb 68
–, Sexual- 11, 50, 69
–, Sozial- 70
–, Spiel- 69
–, ungewöhnliches 50, 51, 69
Versicherung 18, 19, 21
Viehhandel 18
Viruskrankheiten 49, 50, 51
Visna 50
Vitamine 31, 32, 34, 43, 61
Vitaminmangel 51, 52
Vlies 57, 60, 61

Wasserbedarf 11, 17, 31, 34, 53, 54

Weide
-auftrieb 22, 47
-besatz 17, 23
-bewirtschaftung 21, 22, 23, 24, 46, 47, 67
-futter 22, 23, 31, 32, 43, 68, 69
-haltung 17, 22, 23, 24, 25, 45, 46, 47, 48
–, Stand- 23
-wechsel 47.
-zaun 17, 21
Weidetiere (sonstige) 23, 39, 41, 47, 50, 54, 61, 62, 65, 70
Weißmuskelkrankheit 51, 52
Weizen 33, 34
Wiederkäuer 6, 8, 68
Wildschaf 6
Wolle 6
–, Arten 57, 58, 59, 60
–, Aufbau 57, 58, 59, 60
–, Lagerung 59
–, Pflege 26, 30, 58, 59, 62
–, Produktion 12, 57
–, Schur 12, 30, **56**, 58
–, Verarbeitung **55**, 57, 58, 59, 60
Wundstarrkrampf 51, 52
Wurm
-kuren 42, 47
-parasiten 47, 49, 50
Wurstbereitung 66

Zackelschaf **9**, 12, 57
Zähne 8, 11
Zahnwechsel 8, 11
Zangen (Zähne) 11
Zaun 17, 20, 21
Zecke 45, 46
Zehen (Huf) 7
Zellulose 8, 31, 32, 48
Zentralnervensystem 50
Zucht
-auswahl 6, 11, 39
-bock 36
-futter 31, 34
–, Herdbuch 19, 29, 35
–, Hobby- 17, 18
-kennzeichnung 29
–, Kreuzungs- 35
–, landwirtschaftliche 17, 18
–, Rasse- 35, 39, 44
-reife 11
-verband 19, 35, 39